Georg Friedrich Kersting: Faust im Studierzimmer (Gemälde 1829)

Habe nun, ach! Philosophie,
Juristerei und Medizin,
Und leider auch Theologie
Durchaus studiert, mit heißem Bemühn.
Da steh ich nun, ich armer Tor!
Und bin so klug als wie zuvor;

Heiße Magister, heiße Doktor gar
Und ziehe schon an die zehen Jahr
Herauf, herab und quer und krumm
Meine Schüler an der Nase herum-
Und sehe, dass wir nichts wissen können!

Das will mir schier das Herz verbrennen.
Zwar bin ich gescheiter als all die Laffen,
Doktoren, Magister, Schreiber und Pfaffen;
Mich plagen keine Skrupel noch Zweifel,
Fürchte mich weder vor Hölle noch Teufel –

Dafür ist mir auch alle Freud' entrissen,
Bilde mir nicht ein, was Rechts zu wissen,
Bilde mir nicht ein, ich könnte was lehren,
Die Menschen zu bessern und zu bekehren.
Auch hab ich weder Gut noch Geld,

Noch Ehr' und Herrlichkeit der Welt;
Es möchte kein Hund so länger leben!
Drum hab' ich mich der Magie ergeben,
Ob mir durch Geistes Kraft und Mund
Nicht manch Geheimnis würde kund;

Dass ich nicht mehr mit sauerm Schweiß,
Zu sagen brauche, was ich nicht weiß;
Dass ich erkenne, was die Welt
Im Innersten zusammenhält,
Schau' alle Wirkenskraft und Samen,
Und tu' nicht mehr in Worten kramen.

J. W. von Goethe, Faust I, Nacht

Inhalt – Sinn und Zweifel

inhalt

Liebe Leserinnen und Leser,

Sigmund Freud äußerte sich seinerzeit naturwissenschaftlich-nüchtern zur Frage nach dem Lebenssinn. Er meinte, dass man, wenn man nach dem Sinn und Werte des Lebens frage, krank sein müsse, da man offenbar unbefriedigt sei (sonst würde man die Frage nicht stellen). Die Philosophen des Existenzialismus gingen von der Sinnlosigkeit und Absurdität des Daseins aus, und auch C. G. Jung war am Ende seines Lebens in seinem Urteil zurückhaltend:

> Wahrscheinlich ist, wie bei allen metaphysischen Fragen, beides wahr:
> Das Leben ist Sinn und Unsinn, oder es hat Sinn und Unsinn.
> Jung/Jaffé, Erinnerungen, 1962, S. 360

Wenn man sich nun aber die großen Themen des Werkes von C. G. Jung anschaut, sieht man, dass sie alle mehr oder weniger um die Frage nach dem Sinn kreisen. Ähnlich wie Alfred Adler und auch spätere Psycholog:innen z. B. der Humanistischen Psychologie, sah er im Menschen eine evolutionäre, final-prospektive Entwicklungstendenz in Richtung eines umfassenderen Einheitsbewusstseins und einer Entwicklung zur Ganzheit wirken.

Dieser so von ihm benannte Individuationsprozess zielte auf die Verwirklichung des SELBST, einer nie ganz und endgültig zu realisierenden schöpferischen Vereinigung der Polaritäten unserer Existenz. Ein Symbol für diese Einheit von Makrokosmos und Mikrokosmos, Geist und Materie, Bewusstem und Unbewusstem sah er in den Mandala-Symbolen, den Kreis-Quadrat-Gestaltungen, die sich in vielen Kulturen finden lassen (vgl. auch S. 8)

Von allen Seiten – geistes- und naturwissenschaftlich, symbolisch und konkret, historisch und gegenwartsbezogen – umkreiste er dieses eine Thema.

Was Jung an vielen Stellen noch sehr vorsichtig andeutete, lässt sich heute – mehr als ein halbes Jahrhundert nach ihm – deutlicher benennen. Unsere Teleskope reichen fast bis an den Ursprung des Universums, unsere Mikroskope lassen uns die erstaunliche Welt der Quantenenergien und des genetischen Codes erahnen und die Psycho-Neurowissenschaften machen uns die konstruktivistische Meisterleistung unseres Gehirns bewusst, durch die uns die Welt und wir selbst darin als virtuelle Gestaltungen erscheinen.

So können wir heute, wie noch zu keiner Zeit unserer Geschichte, das „Mysterium Coniunctionis", die Komplexität und Verwobenheit, die Einheit der Welt, den *Unus mundus* deutlich erkennen: Wir sind Teil eines unfassbar großen hochenergetischen, weitestgehend unbekannten Universums, wir sind Teil einer milliardenjahrelangen Evolution und diese gipfelt in unserem Bewusstsein, das uns zeigt: „Ich bin jetzt hier da. Du bist jetzt hier da. Die Welt ist jetzt hier da. Wir alle gehören zusammen in einen geheimnisvollen Prozess, dessen Sinn und Ziel wir zwar nicht wissen können, für den es sich aber lohnt, sich so gut es uns möglich ist, einzusetzen und ihn zu fördern."

Es scheint an der Zeit zu sein, dass der *Homo deus*, wie ihn Yuval Harari nennt, nicht nur seine auch sehr bedrohlichen Möglichkeiten der künstlichen Intelligenz erweitert, sondern auch zur Entfaltung seines eigenen inneren Potenziale erwacht. Indem wir unsere oft noch sehr kindliche Projektion auf äußere göttliche Kräfte und Mächte zurücknehmen, können wir erkennen: Wir selber sind – was östliche und westliche Mystiker:innen schon andeuteten – „göttliche" Wesen, und allein wir sind es, die jetzt aktiv und bewusst die Verantwortung für die weitere Evolution, die Erde und die Zukunft zu übernehmen haben. Es sei denn, es gibt doch Aliens, die uns rechtzeitig retten...

Dass wir eine sinnerfüllte Stellung in unserem kleinen wie im großen Seinsprozess finden, dass wünschen wir Ihnen und uns ganz herzlich,

Für das Redaktionsteam

Ihre Anette und Lutz Müller

C. G. Jung zur Frage nach einem sinnerfüllten Leben

C. G. Jung, Ölgemälde n. Fotografie, Art Benson

Wie der Körper der Nahrung bedarf, und zwar nicht irgendwelcher, sondern nur der ihm zusagenden, so benötigt die Psyche den Sinn ihres Seins, und zwar ebenso nicht irgendwelchen Sinn, sondern (den) jener Bilder und Ideen, die ihr natürlicherweise entsprechen, nämlich jener, die vom Unbewußten angeregt werden.
GW 13, § 476

Die Psychoneurose ist im letzten Verstande ein Leiden der Seele, die ihren Sinn nicht gefunden hat. Aus dem Leiden der Seele aber geht alle geistige Schöpfung hervor und jeglicher Fortschritt des geistigen Menschen, und der Grund des Leidens ist der geistige Stillstand, die seelische Unfruchtbarkeit.
GW 11, § 497

Man sollte nicht suchen, wie man die Neurose erledigen kann, sondern man sollte in Erfahrung bringen, was sie meint, was sie lehrt und was ihr Sinn und Zweck ist. [...] Wir können also aus der Krankheit selber sehr viel für unsere Gesundung lernen, und was dem Neurotiker als absolut verwerflich erscheint, darin liegt das wahre Gold, das wir sonst nirgends gefunden haben.
GW 10, § 361

In dem Maße, als man, dem eigenen Gesetze untreu, nicht zur Persönlichkeit wird, hat man den Sinn seines Lebens verpaßt. Glücklicherweise hat die gütige und langmütige Natur den meisten Menschen nie die fatale Frage nach dem Sinn ihres Lebens auf die Zunge gelegt. Und wo niemand fragt, braucht keiner zu antworten.
GW 17, § 314

... der Mensch ist unerlässlich zur Vollendung der Schöpfung, ja er ist der zweite Weltschöpfer selber, welcher der Welt erst das objektive Sein gibt, ohne das sie ungehört, ungesehen, lautlos fressend, gebärend, sterbend, köpfenickend durch Hunderte von Jahrmillionen in der tiefsten Nacht des Nicht-Seins zu einem unbestimmten Ende hin ablaufen würde. Menschliches Bewusstsein erst hat objektives Sein und den Sinn geschaffen, und dadurch hat der Mensch seine im großen Seinsprozess unerlässliche Stellung gefunden.
Jung/Jaffé, Erinnerungen, 1962, S. 259 f.

Die notwendigen inneren Gegensätze im Bilde eines Schöpfergottes können in der Einheit und Ganzheit des Selbst versöhnt werden als coniunctio oppositorum der Alchemisten oder als unio mystica. In der Erfahrung des Selbst wird nicht mehr, wie früher, der Gegensatz «Gott und Mensch» überbrückt, sondern der Gegensatz im Gottesbild. Das ist der Sinn des «Gottesdienstes», d. h. des Dienstes, den der Mensch Gott leisten kann, daß Licht aus der Finsternis entstehe, daß der Schöpfer Seiner Schöpfung und der Mensch seiner selbst bewußt werde.
Das ist das Ziel oder ein Ziel, das den Menschen sinnvoll der Schöpfung einordnet und damit auch dieser Sinn verleiht.
Jung/Jaffé, Erinnerungen, 1962, S. 341

C. G. Jung zur Frage nach einem sinnerfüllten Leben

Systema mundi totius (System der ganzen Welt): So nannte C. G. Jung sein erstes Mandala von 1916, wobei er auf der Rückseite des Blattes vermerkte, er habe damals nicht gewusst, was es bedeute. Später, 1954, gab er eine differenziertere Interpretation (vgl. A. Jaffé, C. G. Jung, Bild und Wort, Walter, 1977, S. 75). Darin wird deutlich, dass er damals schon die Idee eines ganzheitlichen Weltbildes hatte, in dem Mensch, Seele, Leben, Evolution, Erde, Kosmos (Mikro-Makrokosmos) eine alle Polaritäten verbindende und fortwährend schöpferische Einheit bildeten.

Jung träumte, imaginierte und gestaltete Mandalas in vielen Variationen und entdeckte allmählich, dass seine Gestaltungen innere Zustände von ihm widerspiegelten, ihm Ordnung und Orientierung vermittelten, eine selbstregulierende Funktion hatten und ihn auf ein virtuelles Zentrum hin ausrichteten, das er in Anlehnung an die hinduistische Philosophie SELBST nannte.

Ich sah, wie das Selbst, d. h. meine Ganzheit, am Werke war. Das konnte ich allerdings zuerst nur andeutungsweise verstehen; jedoch schienen mir die Zeichnungen schon damals hochbedeutsam, und ich hütete sie wie kostbare Perlen. Ich hatte das deutliche Gefühl von etwas Zentralem, und mit der Zeit gewann ich eine lebendige Vorstellung des Selbst. [...]
Erst als ich die Mandalas zu malen anfing, sah ich, daß alles, alle Wege, die ich ging, und alle Schritte, die ich tat, wieder zu einem Punkte zurückführten, nämlich zur Mitte. Es wurde mir immer deutlicher: das Mandala ist das Zentrum. Es ist der Ausdruck für alle Wege. Es ist der Weg zur Mitte, zur Individuation.

Jung/Jaffé, Erinnerungen, Zürich: Rascher 1962, S. 199

Woher? Wohin? Wozu? – Wege zum Sinn

Ursula Wirtz

Foto: Kevin Carden (Adobe Stock 145410168)

*Aus Tauf'- Hochzeits'- und
Grabgeläut
mischt sich der Klang des Lebens
Woher? Wohin? Wozu?
Du fragst vergebens!*

Diese Hausinschrift in Bern an der Junkergasse, das *Tauf'-, Hochzeits'- und Grabgeläut* verweist auf Schwellensituationen auf dem Lebensweg, auf Grenzsituationen im Sinne der Freude und Trauer, die zur Rückbesinnung und Vorschau zwingen. Wird in diesen Versen eine melancholische, düstere Nachtansicht des Lebens illustriert, ein Zweifel an der Sinnhaftigkeit des Fragens, oder sind diese Knotenpunkte der Transformation, Geburt und Tod, Ausdruck des *Stirb und Werde*, des Loslassens und Neubeginns und damit Zeichen eines sinnreichen dialektischen Lebens- und Wachstumsprozesses? Ist der Zweifel am Sinn Hilfe oder Hindernis auf dem Weg der Individuation? Gehört der Zweifel am Sinn des Ganzen notwendig zu unseren Reifungs- und Wandlungskrisen?

Ist das Fragen *Woher? Wohin? Wozu?* wirklich vergebens und Ausdruck eines Mangels an Vertrauen in das Leben, einer existenziellen Verunsicherung? Für Nietzsche war das Woher und Wohin der Existenz ein erschöpftes Rätsel, ein Fragezeichen zweier *Nichtse*, wie er in den Dionysos Dithyramben schrieb und auch Sartre behauptet in *Das Sein und das Nichts*, es mache keinen Sinn über den Sinn nachzudenken: *Es ist sinnlos, dass wir geboren werden, es ist sinnlos, dass wir sterben.*

Auch Horkheimers düstere Prognose, dass, was wir Sinn nennen, verschwinden wird, hat sich nicht bewahrheitet.

Das vereinzelte, einsame Ich ist nicht länger in einem Sinnkosmos beheimatet und leidet an einer *transzendentalen Obdachlosigkeit*. Wenn wir unsere gegenwärtige Weltlage betrachten, wird das ganze Spektrum von „Abersinn", Irrsinn, Wahnsinn sichtbar, ein Spektrum der Abgründigkeit; *Zeiten des Schreckens* und *Ordnung des Terrors* nennt Wolfgang Sofsky diese Nullpunkte der Existenz, in der das vertraute Selbst- und Weltbild zersplittert.

Wir verfallen in unserer fragmentierten Moderne, in der sich der Mensch zunehmend selbstentfremdet, immer häufiger dem Zweifel an Allem. Vertrauensverlust gehört zur „Sinnkrise der Gegenwart", sowohl politisch, wirtschaftlich, weltanschaulich und religiös. Die Pandemie hat die suizidale Sinnlosigkeitsspirale und die allgemeine existenzielle Verunsicherung noch verschärft. Wir leben in einer Zeit, in der die Herrschaft des rationalen Denkens über eine ganzheitliche Seinsweise triumphiert und gleichzeitig gefährdet ist, ins Irrationale umzuschlagen.

Das Aufblühen von Verschwörungstheorien, der große Zweifel an wissenschaftlichen Erkenntnissen, das Misstrauen und generelle Infragestellen von Allem gehört zu dieser Irrationalität des sogenannten Rationalen, die uns nach Schein-Stabilitäten suchen lässt. Die hilflose Suche nach griffigen Wirklichkeitsmodellen verrät ein Schwarz-Weiß-Denken, das uns von einer differenzierten Betrachtung komplexer Zusammenhänge erlöst und die Welt wieder überschaubarer macht. Haltlosigkeit und Verlust des Vertrauens in die bisher tragenden Wertvorstellungen und tradierten Normen sind Aspekte der kollektiven Sinnkrise, da uns weder Götter noch Normen sagen, was wir tun sollen, und wir, wie Viktor Frankl glaubte, nicht mehr wissen, was wir wollen.

Heute ist die „Haben-Orientierung" (Fromm) der des Seins übergeordnet. Das „Immer-weiter" und „Immer-höher" lässt uns nicht mehr zur Ruhe kommen, und dies schafft eine tief reichende Haus- und Heimatlosigkeit (Dieter Wyss). Hieß es bei Rilke *Wer jetzt kein Haus hat, baut sich keines mehr*, lautet die zeitgemäße Variation „Wer jetzt ein Haus hat, baut sich eines mehr", denn das existenzielle Vakuum will gefüllt werden. Mit dieser Einseitigkeit anstelle eines ausgeglichenen harmonischen „Klangs des Lebens" geht eine einseitige Erstarrung der Werte einher. Ideologie, Dogma und Fundamentalismus haben Hochkonjunktur, da sie eine Scheinsicherheit und scheinbare „ideologische Geborgenheit" versprechen.

Besonders nach der oft lamentierten *Entzauberung der Welt* (Max Weber) wird der Wunsch nach neuen Sinnhorizonten zu einer lebenslangen Individuationsaufgabe.

Die Sinnsuche kann als ein Versuch gesehen werden, den leidvollen, dissonanten Zweiklang des dualistischen Wissens und Alltagsbewusstseins zur Erkenntnis einer non-dualen Ganzheit zu transzendieren.

Immer dringender bedarf es einer Sinnperspektive, um sich in den komplexen, nicht linearen systemischen Zusammenhängen der Welt orientieren zu können. Ich habe gemeinsam mit meinem Lebenspartner Jürg Zöbeli versucht, in unserem Buch *Hunger nach Sinn* (1995) Grundmuster zu identifizieren, die es ermöglichen, im Fluss des Lebens zu bleiben und einen Raum des Nichtwissens auszuhalten, ohne von Angst und Verzweiflung überwältigt zu werden. Wir haben Grenzerfahrungen als Motiv der Sinnsuche auszuloten versucht und der Dialektik von Sinnfindung und Sinngebung nachgespürt.

Lassen sich aber jenseits von Sinn-Schablonen kaleidoskopartige Sinnfacetten und Sinnzusammenhänge erschließen? Können sich im Nachsinnen über Sinn und Zweifel neue Sinnfenster öffnen, die uns helfen, solche Fragen zu beantworten:

Was ist der Grund, aus dem wir entstanden sind und in den wir wieder eintauchen? Wozu bin ich angetreten? Wozu lebe und begehre ich, wozu ist all das, was ist, und wozu ist überhaupt irgendetwas und nicht Nichts?

Diese Fragen kreisen um den Sinn und Seinsgrund der Existenz, um das Geheimnis des Daseins, aber auch um die lebenspraktische Frage: Wie kann Sinn erfahren, gewonnen, für die Gestaltung der Widersprüchlichkeit des Lebens und zum Meistern von existenziellen Krisen genutzt werden?

Sinnsuche ist ein dynamischer Prozess, ein mit allen Sinnen Unterwegssein. Sinn bleibt dabei immer vorläufig, dem Wandel unterworfen, verflüchtigt sich stets neu, denn Sinn ist kein geschlossenes System, sondern offen für ein Schöpfen verschiedenster Sinnmöglichkeiten über die Lebensspanne.

Foto: yanadjan (Adobe Stock 331906529)

Im Angesicht des Sterbens wird die Frage nach Sinn oder Unsinn des Ganzen, nach der nackten Wahrheit der eigenen Existenz vielleicht besonders virulent. Es kann sein, dass dort noch einmal die Verheißung aufglänzt, wie es wäre, von einem Leben Abschied zu nehmen, das sinnerfüllt war, ein Leben von dem ich am Ende sagen kann, so wie es war, war es gut; es hatte Bedeutung, es war wert, gelebt zu werden.

Abschließende Antwort auf die Sinnfrage gibt es nicht – der Sinn, der sich er-sinnen lässt, ist nicht der ewige Sinn, hat uns Laotse gelehrt. Es gibt keine verschreibbaren Sinnrezepte, sondern nur den Weg als Ziel, das Paradox, dass Sinn weder ausschließlich im Gehen des Weges liegt noch im Ankommen am Ziel, sondern in beidem zugleich, im Paradox des *Werde, der du bist*.

Sinn suchen entspricht dem Bedürfnis, sich selbst, den anderen und das Leben besser zu verstehen, und wird damit als Lebenssinn zum Ziel und Zweck des Strebens. Sinn mag erfahren werden im intersubjektiven Kraftfeld des liebenden Verstehens, im Aufscheinen von Symbolen als Sinnbotschaften, die darauf verweisen, was wir sein könnten und sein möchten.

Sinn wird erschaffen im leidenschaftlichen Eintreten für das, was uns wichtig ist, in solidarischem Tun, in kreativem Erschaffen von Werthaltigem, in der Liebe zum Lebendigen, zur Natur, zum Leben selbst, zum Schönen! Die sinnstiftende Funktion der Kunst erweitert unseren sinnlich-ästhetischen Resonanzboden, macht unser Herz weit und bietet die Möglichkeit, die eigene Identität neu zu gestalten.

Sinnreichtum scheint auf in der Liebe zum Du, als *Kairos*-Erfahrung, als Seinsberührung, als *satori* oder *kensho*, als unmittelbares Angerührtsein oder Betroffensein durch die Begegnung mit dem Numinosen, als Aha-Erlebnis, als Inspiration im Prozess eigener Gestaltungskraft. In Zuständen der Ergriffenheit wird Hoffnung und Sinn erfahren, eine inspirative Belebung der Seelenlandschaft, eine neue Form von Lebendigkeit und Ganzheit. So verstanden ist der Hunger nach Sinn eine Goldmine, eine heilungsfördernde personale Ressource, die zu psychischer Stabilität und Reife beiträgt und Trost gibt, Hoffnung und Kraft, auch mit schweren Schicksalsschlägen und abgründiger Verzweiflung umzugehen.

Die Analytische Psychologie zeigt uns, dass wir Symbole brauchen, weil sie uns öffnen für das Wozu des Lebens und uns durchlässig werden lassen für das Andere, Unbedingte, Geheimnisvolle, das wir mit unserem begrenzten Bewusstsein noch nicht erkennen können. Die Bedeutung der Metapher wird besonders einsichtig an den Nullpunkten unserer Existenz, dort wo abstrakte Sprache versagt und sich metaphorische Räume öffnen, weil Folter, Holocaust und Massenvergewaltigungen sich nur schwer in linearen, verbalen Diskursen ausdrücken können.

Analytische Psychologie betont den Wert der Kreativität, des symbolischen Gestaltens innerer Zustände, denn Symbolbildungen können zu einer Vertiefung des Sinnverständnisses führen: Künstlerische Ausgestaltungen von Zuständen des Zweifelns und Verzweifelns machen das Leiden kommunizierbar und werden damit zu kreativen Bewältigungsstrategien existenzieller Not. Sie verkörpern, wie wir über uns selbst hinauswachsen können, haben darum, wie alle Symbole, Verweisungscharakter.

Sinnhaftigkeit ist Teil des Kohärenzgefühls, eine globale Stressbewältigungsressource, die uns in Grenzsituationen abhanden kommt. In unserer jungianischen Praxis sind Sinnfragen das tägliche Brot unserer Arbeit, denn wir arbeiten im Kraftfeld der Polaritäten von Sinn und Unsinn, suchend nach dem, was trägt in Verzweiflung und Not.

Die Sinnfrage in der Tradition der Analytischen Psychologie ist eine Einladung, Sinnvielfalt wahrzunehmen, trotz allem, Sinn in der Tiefe zu erfahren und dadurch das eigene Leben zu bereichern, eine Einladung, schöpferisch zu sein im Auffinden und Ausgestalten des je persönlichen Sinns, aber auch eine Einladung zum Kontakt mit dem Du des anderen, damit ein vielstimmiges Sinngewebe entsteht.

Die Psyche braucht nach analytischem Verständnis den Sinn ihres Seins. So basiert auch das Verständnis der Psychoneurose auf der Vorstellung, dass es sich hier um ein Leiden der Seele handelt, *die ihren Sinn nicht gefunden hat* (Jung, GW 11, § 497).

Als Therapeutin habe ich Prozesse begleitet, die dabei unterstützen, sich in der Komplexität und dem Irrsinn und Unsinn traumatischer Erfahrungen neu zu verorten und die *Sinnerfassungs- und Sinnverarbeitungskapazität* (Petzold) zu erweitern, damit im Laufe des Lebens neue Sinnantworten möglich werden.

Mich hat immer sehr berührt, dass selbst Jung in hohem Alter nicht die siegessichere, wissende Pose eines Menschen angenommen hat, der unverrückbar fest im Glauben an einen letztlichen Sinn steht, sondern schreibt:

Wahrscheinlich ist, wie bei allen metaphysischen Fragen, beides wahr: Das Leben ist Sinn und Unsinn, oder es hat Sinn und Unsinn. Ich habe die ängstliche Hoffnung, der Sinn werde überwiegen und die Schlacht gewinnen.
Jung/Jaffé, 1962, S. 389 f)

So wie die Seele *naturaliter religiosa* ist, so glaube ich, dass dem Menschen eine Sehnsucht nach Sinn inhärent ist, sozusagen apriorisch gegeben, ein Existential. Dieser Sinn kann aufscheinen in der Sehnsucht nach dem, was mich übersteigt, in transformativen Überschreitungen von Sicht- und Seinsweisen.

Der transzendente Sinn aber bleibt ein unfassbares Geheimnis, das nur im Symbol, im Paradox, im Mythos und in der Kunst andeutbar ist. *Zum Sinn verurteilt* (Merlau-Ponty) verstehe ich die Sinn-Suchbewegungen als Teil eines spirituellen Weges erweiterter Erkenntnishorizonte zur Kontingenzbewältigung und zum weiserem Umgang mit uns selbst und der Welt.

Der Sinn als Archetypus bleibt unauslotbar, geheimnisvoll, ein Bewusstwerden einer anderen Wirklichkeit, die über unser Alltagsbewusstsein hinausreicht und doch als zu uns gehörig erfahren wird. So kann Sinn als ein Heimkommen oder Ankommen spürbar werden, ein Entdecken dessen, was man immer schon war und immer schon hatte, das sich aber jeder Versprachlichung entzieht und doch *vieles, vielleicht alles ertragbar macht* (Jung/Jaffé, 1962, S. 343).

Literatur

Jung, C. G., Jaffé, A. (1962). *C. G. Jung. Erinnerungen, Träume, Gedanken.* Olten: Walter.

Wirtz, U.; Zöbeli, J. (1995). *Hunger nach Sinn. Menschen in Grenzsituationen, Grenzen der Psychotherapie.* Stuttgart: Kreuz.

Wirtz, U. (2018). *Stirb und werde: Die Wandlungskraft traumatischer Erfahrungen.* Ostfildern: Patmos.

Ursula Wirtz
Dr. phil., analytische Psychotherapeutin in freier Praxis in Zürich, Dozentin, Lehranalytikerin und Supervisorin am Internationalen Seminar für analytische Psychologie Zürich, ISAP, und Ausbildnerin für Jung'sche Psychologie in Osteuropa. Einzel- und Teamsupervision mit Schwerpunkt Trauma. Internetseite: wirtz.ch

Sinn suchen – da, wo er ist

Kristina Schellinski

Das Pendel des Geistes schwankt
zwischen Sinn und Unsinn ...
C. G. Jung

Wir Menschen sind Sinn-suchende Wesen,
sagt Jung; wenn wir den Sinn ergründen können, warum, woran wir leiden, dann geht es
uns schon etwas besser, und wenn wir gar den
Sinn des Lebens erahnen können, wenn dieser
vielleicht auch nur in momentanen Lichtblicken
aufleuchtet, dann fühlen wir uns getragen vom
„Fluss des Lebens", dieses Gefühl des Getra-
gen- und Enthaltenseins. Sinnvoll, nicht sinnlos, zweifellos. Wenn etwas zweifellos ist, fühlt
es sich besser an, zweifelsohne, also gewiss,
das passt, dies geht einher mit sinnvoll.

Und doch sind Zweifel angebracht. Wir
brauchen Zweifel, es kann sogar sinnvoll sein,
an der Frage nach dem Sinn des Lebens zu
zweifeln, selbst in der Analytischen Psychologie. Diese Prämisse vom Sinn-suchenden
Menschen, kann auch zu weit gehen, krampf-
artig wirken, wie David Tacey (Autor von *Religion as Metaphor,* 2015) mir mal erzählte:

Neue Studenten an seiner Fakultät, in Mel-
bourne in Australien, grüßten ihn manchmal
mittags in der Mensa, ganz verklärt schauten
sie auf ihn, der neben Literatur und Forschung
auch Analytische Psychologie analysiert, und
meinten mit großen Augen, das sei *Synchronizität,* dass sie ihn gerade dann träfen ...
„Nein!", meinte David Tacey. Er musste das
wiederholt geraderücken: „Es ist einfach Mit-
tagszeit! Deshalb treffen wir uns in der Mensa,
nix Synchronizität!" Bei solchen Verkürzungen
des Verständnisses von Konzepten der Analytischen Psychologie in einer nahezu verzwei-
felten Suche nach Sinn sind wirklich Zweifel
angebracht.

Ich mag das Konzept der Synchronizität
sehr und finde, wenn dieses Zusammentreffen von einer äußeren Begebenheit und einer
inneren seelischen Disponibilität wirklich statt-
findet, und wenn es einen sinnvollen, erleuch-
tenden Zusammenhang ergibt, dann ist die
synchronistische eine großartige Erfahrung,
welche uns über so manche Klippen des All-
tags hinweg an die wunderbaren, manchmal
wunderlichen Wege der Psyche erinnert.

So erging es kürzlich einer früheren Klientin von mir, die gerade ihre Weiblichkeit neu
entdeckt. Als sie vom Besuch der Frauenärztin kam, da sah sie ein Bild in einer Galerie:
Eine nackte Frau blickte fröhlich sie an, mit
einem etwas schelmischen Blick, und sie war
zutiefst berührt, *Versöhnung* hieß das Bild. Es
machte Sinn. Sie hatte sich gerade mit ihrer
Frauenärztin ausgetauscht, wie wichtig und
bedeutend es ist, die Psyche und das Thema
Weiblichkeit in die Behandlung mit einzubezie-
hen, um ihre chronischen Symptome besser
zu verstehen und zu behandeln. Denn Symptome sind auch Symbole und Sinn-trächtig.
Die Klientin sollte ihren toten Bruder ersetzen,
ein anderes Geschlecht. Ein unmöglicher Auftrag. Ihre Beschwerden sind eine eigentlich
gesunde und Sinn-volle Reaktion ihrer Seele
und ihres Körpers.

Also: Sinn suchen da, wo er ist, oder vielmehr ihn finden oder sich von ihm finden lassen, offen sein, Sinn zu erkennen da, wo er
sich entdecken lässt, fast würde ich sagen,
wo er sich entdecken lassen will. Und: wo
es Mühe und Arbeit kostet; und nicht einfach
Sinn hineinlegen, reinquetschen, wo es vielleicht besser wäre, gesunde Zweifel zu hegen.
Ich denke, das ist ein wertvoller Unterschied,
welcher die Methode der Analytischen Psychologie von etwas einfältiger anmutenden
Ansätzen im Wesentlichen unterscheidet.

Zweifel scheint mir ein willkommener Juni-
orpartner zu sein bei der Suche nach dem Sinn
im Allgemeinen und bei Fragen nach dem Sinn
des Lebens ganz speziell.

Sinn. Das Bild, das mir bei diesem Wort
einfällt, ist das eines Pfeilers; von etwas Stüt-

zendem, Soliden, woran ich mich halten kann, ein wertvoller Block Marmor vielleicht.

Und Zweifel: Wäre das Bild vielleicht ein Meißel? In der Hand des Künstlers, geführt von Wissen und Fertigkeit und inspiriert von einer Muse – die Konturen herausarbeitend, formgebend – eine Figur, eine Statue, welche den Block seinen Sinn, seine Form enthüllen lässt?

Jung schrieb, dass wenn ihm die Bedeutung eines Traumes spontan einleuchtete, ja ihm wie zufiel, dann wurde er misstrauisch, dann bezweifelte er das so schnelle Urteil, zu viel Bewusstsein vielleicht, das Unbewusste war noch nicht zu Wort gekommen. Es gilt, die Form, den Sinn sich erkennen zu geben lassen, nicht sie zu wissen.

Wie oft täuschen Worte oder erste Eindrücke, sei es in der analytischen Beziehung mit einem Menschen oder in der supervisorischen Begegnung mit einer Kollegin, einem Kollegen einen Quasi-Sinn vor? Wir denken, wir haben etwas verstanden, es „macht Sinn", und dann: Pustekuchen! Im Erleben des Gefühls, der Imago, des Körpers, der weiteren, der tiefer gehenden Begegnung beider Menschen und deren beider Unterbewussten, kommt dann doch noch ein ganz anderer Sinn in den Blick... Und in ein paar Jahren, wie Jung ganz richtig riet, dann erkennen wir in unseren Träumen, unseren Aufzeichnungen vielleicht einen neuen, noch weiteren Sinn.

„Schnapp!" Da hab' ich ihn, den Sinn des Lebens? Nein! Er ist auch bei der besten Einsicht, dem schönsten Einfall, beim besten Willen nicht „im Kasten"! Ich denke, es ist eher so: Dem Sinn nachspüren, mich öffnen, immer wieder, das macht schon eher klick, ...klick, ... klick ...immer wieder ... immer weiter... Für mich macht es immer noch Sinn, ja es ist Sinn-stiftend für mein Leben, immer wieder in meinen Aufzeichnungen nachzulesen, immer weiter versuchen zu entdecken, was Träume und Bilder mit zeitlichem Abstand mir mitteilen, welchen Sinn sie zu enthüllen scheinen.

Als Kind habe ich manchmal Zahlen von 1 bis 50 (oder 1 bis 100) mit dem Bleistift verbunden, und das ergab dann eine Kontur, ein Bild. So ist es auch, wenn ich mit Abstand Notizen zu einem Fall wieder lese, es erschließt sich oft mehr Sinn, es offenbart sich ein Bild der Prozesse in der Seele, natürlich auf ganz anderem Niveau als die damals vorgegebenen Zahlen im Kindermalbuch.

In den Assoziationsexperimenten von Jung verband er die einzelnen Antworten auf einer Liste von Wörtern; zusammengesehen zeigten sie die „Landschaft" der inneren Komplexe; nicht jede Assoziation zu jedem Wort machte Sinn, aber die Gesamtschau erschloss so manche Einsicht.

Als ich im Studium am C. G. Jung-Institut in Küsnacht mein eigenes Assoziationsexperiment im Tandem mit einem Kollegen in der Ausbildung machte, antwortete ich spontan 12-mal (von 50) auf die verschiedensten Reizwörter mit dem Wort „Sein". Klar machte das Sinn für mein Leben, wie ich später in meinem Buch und in Artikeln zum Thema Ersatzkind beschrieben habe: Es geht um das pure Sein, wenn jemand in die Trauer geboren ist und ein verlorenes Kind „ersetzen" soll. Sein zwischen Tod und Leben? Dann gilt es, den Sinn des eigenen Lebens zu entdecken. Carl Gustav Jung, der nach drei toten Kindern geboren wurde, fand den tieferen Grund seines Seins im Unbewussten. In seinen Memoiren schrieb er, sein Leben sei die *Geschichte einer Selbstverwirklichung des Unbewussten* (Jung/Jaffé, 2009, S. 17).

„Was ist der Sinn von Gut und Böse?", klagte eine Kollegin vor kurzem in einer Supervisionsveranstaltung. „Ich habe genug davon! Basta. Ich möchte mein Leben leben, einfach so, zentriert, im Gleichgewicht, ausbalanciert."

Es kann uns manchmal zu viel werden, diese Suche nach dem Sinn, auch dem Sinn von Gut und Böse, selbst dem Sinn im Leben, sogar die Suche nach Gleichgewicht. Sie hatte einen Traum von einer Patientin gebracht, die beides ausspuckte, ein schönes Symbol der seelischen Wiedergeburt, der Erneuerung, aber auch Insekten, ekelerregend, abstoßend. Die Gegensätze, das Helle und das Dunkle ...

Gerne haben wir den Sinn, das Gold, weniger gerne das Dunkle. Aber gilt es nicht, den Sinn zu erkennen, wenn wir beides zusammenbringen und beide Symbole von einem dritten Standpunkt aus betrachten? Für mich ist das Jungianische Sinn-Suche oder besser formuliert, dieses tastende Nachspüren nach einem sich zu erkennen gebenden Sinn. Suche klingt für meine Ohren zu ich-haft, ich ziehe Verben vor wie nachspüren oder entde-

Sinn oder Unsinn - das ist hier die Frage. Wird Mephisto, der „advocatus diaboli", der „Teil von jener Kraft, die stets das Böse will und doch das Gute schafft", Faust in seiner Sehn-Sucht nach dem erfüllten Augenblick erlösen können? Oder ist es doch eher das „Ewig-Weibliche", das ihn hinanzieht und allem Suchen letztlich einen Sinn verleiht? (Foto aus der Verfilmung von Goethes Faust I von 1960 mit Will Quadflieg als Faust und Gustav Gründgens als Mephisto)

cken, oder auch: das Ich, welches sich in den Dienst stellt des Selbst, manches Mal überrascht wird, wenn es dem Sinn sich öffnet, und dankbar ist für den sich offenbarenden Sinn.

Bei der Kollegin hatte sich viel Müdigkeit angehäuft, vielleicht auch Verzweiflung oder gar ein drohender Burnout? Manchmal geht es eben nicht mehr, immer wieder, immer weiter nach dem sich erschließenden Sinn zu suchen, bei uns selbst und unseren Klient:innen? Trauma, Wiederholung, Leid, Symbol ... – wo ist der Sinn, wo versteckt er sich? Wir sind ja immer wieder mit drin, in jeder Stunde, in der Übertragung und Gegenübertragung.

Kann denn das Ich das einfach so entscheiden, dieses „Ich will das nicht mehr"? Nach einem oft sehr langen, inneren Weg? Vielleicht lauert hinter der Frage nach dem Sinn von Gut und Böse noch eine andere, nämlich die Frage: „Was ist der Sinn meines Überdrus-

ses?", „Warum drehe ich mich im Kreis, wie in einem Karussell, wo die Musik zu leiern anzufangen scheint: Sinn, Sinn, Sinn, aber wo? wozu?"

Der Zweifel kommt und kratzt quer drüber, wie damals auf den alten Schallplatten. Ist es wirklich die Frage nach dem Sinn des Lebens, die schmerzt? Oder ist es die falsche Geschwindigkeit? Die endlose Suche nach dem Sinn des Lebens oder nach dem Sinn im Leben kann uns auch in die Inflation (ver-)führen. Nun, dann käme wohl die Deflation ... Zweifel sind in solchen Fällen gut und notwendig und sinnvoll; sie wecken uns auf, rütteln an einem vermeintlichen sicheren Sinn, rufen auf, weiterzugehen, zu suchen, zu träumen ..., und auch dies anzunehmen: dass wir eben auch manchmal verzweifeln.

Auf den ersten Blick muten Zweifel vielleicht nicht so wertvoll oder versichernd an wie Sinn, aber es gibt Momente, da bringen uns Zweifel weiter in unserer Suche nach Sinn. In der Praxis, wenn ein Mann mittleren Alters es nicht mehr aushält mit seiner Frau, weil er sich nicht mehr mit ihr emotional verbunden fühlt, sind Zweifel zunächst hilfreich: Sie lassen ihn weitersuchen nach dem eventuell noch verborgenen Sinn seiner Erfahrung; kommt sie aus Kindheitserlebnissen, aus dem Schatten, wie bringt ihn die innere Arbeit näher zu sich selbst? Oder wenn eine andere als die oben erwähnte Kollegin sagt: „Wieso mach' ich das eigentlich? Es ist zu hart, eigentlich hätte ich lieber Nonne werden wollen." Sind da vielleicht Zweifel angebracht, nicht an der Sinn-Suche im Spirituellen, aber an der Idealvorstellung, im Kloster zu leben?

Oder näher auch an mancher unserer Lieblingserklärungsversuche, was auch immer wir mit heranziehen in unserem jeweils erlebbaren, bewusstseinsfördernden Radarkreis in Übertragung, Gegenübertragung und Selbstanalyse: Zweifel sind in jedem Fall angebracht.

Von der eingangs von mir erwogenen Rolle des Juniorpartners Zweifel in der dem Sinn nachspürenden Suche, ist nun der Zweifel doch beträchtlich aufgerückt. Carl Gustav Jung hat den Zweifel wohl geschätzt. In der Dynamik des Unbewussten, schreibt er:

> Man will Sicherheiten und keine Zweifel, man will Resultate und keine Experimente, ohne dabei zu sehen, dass nur durch Zweifel Sicherheiten und nur durch Experimente Resultate entstehen können. ... Wo es sich um Probleme handelt, da weigern wir uns instinktiv, durch Dunkelheiten und Unklarheiten hindurchzugehen. ... Alles in uns, was noch Natur ist, scheut sich vor dem Problem, denn sein Name ist Zweifel, und wo immer Zweifel herrscht, da ist Unsicherheit und die Möglichkeit verschiedener Wege. Jung, GW 8, § 751 ff.

Gerade die Möglichkeit verschiedener Wege ist so wertvoll in der jungianischen Arbeit. Zweifel sind eben auch Sinn-spendend, weil sie auf die verschiedenen Wege hinweisen im persönlichen Leben, in Analyse und Supervision. In der Wissenschaft haben Zweifel sich im Denken und Forschen bewährt ebenso wie in der analytischen Arbeit.

Wir können darauf vertrauen, dass Zweifel uns auf den verschiedensten Wegen zur Erkenntnis begleiten – wie ein gut gehaltener Meißel, welcher mit der Zeit aus dem wertvollen Block Marmor die Form zu erkennen gibt, jene Form, die sich ausdrücken will.

Literatur

Jung, C. G. (1971 ff). *Die Dynamik des Unbewussten*. GW 8. Olten: Walter.

Jung, C. G., Jaffé, A. (1971/2009). *Erinnerungen, Träume, Gedanken von C. G. Jung*. Düsseldorf: Patmos.

Kristina Schellinski
Lehranalytikerin, Supervisorin, C. G. Jung Institut-Küsnacht Zürich. Mitbegründerin des replacementchildforum.com. Autorin von *Individuation for Adult Replacement Children, Ways of Coming into Being* (Routledge 2017).

Mitten im Winter erfuhr ich endlich, dass in mir ein unvergänglicher, unbesiegbarer Sommer ist.

Albert Camus

Vom „Gott in der Seele" und vom „Gefühl strömenden Lebens"

Über C. G. Jungs Wertschätzung von Meister Eckhart

Ulrich Schäfle

Smileius, Waldpanorama, AdobeStock_82972458

C. G. Jung ringt sein Leben lang um die psychologische Bedeutung des religiösen Problems: Wie kann der Mensch „Gott" verstehen? Wie kann der Mensch zu seiner Tiefe, zu seiner Ganzheit, zu seiner Seele finden? Am Ende seines Lebens sagt er: *Die entscheidende Frage für den Menschen ist: Bist du auf Un-* *endliches bezogen oder nicht? Das ist das Kriterium seines Lebens.* Und er betont, dass es ihm in seinen Bemühungen, den Prozess des menschlichen Lebens zu verstehen, um nichts anderes gehe, als dass der Mensch dem Numinosen begegne, dem Magnum Mysterium, dieses bringe Heilung.

Lange vorher schon schreibt Meister Eckhart in der Predigt 36:

> Ich habe eine Kraft in meiner Seele, die Gottes ganz und gar empfänglich ist. Ich bin dessen so gewiß, wie ich lebe, daß mir nichts so ‚nahe' ist wie Gott. Gott ist mir näher, als ich mir selber bin; mein Sein hängt daran, daß mir Gott ‚nahe' und gegenwärtig sei! Er ist es auch einem Steine und einem Holze, sie aber wissen nichts davon." (Quint, 1979, S. 323).

Er preist die Seele in höchsten Tönen: „Wo Gott ist, da ist Seele und wo Seele ist, da ist Gott." (Meister Eckehart, 1979, S. 670

Es war für mich Ingrid Riedel, die mich darauf aufmerksam machte, wie sehr Jung Eckhart schätzt, sodass dieser den kirchlichen Theologen, die psychologische Einsichten als „nur" seelisch abwerten, empfiehlt: *Etwas mehr Meister Eckhart täte manchmal gut!* (Jung, GW 12, § 10). Er tut dies bescheiden und einfühlsam, weil er weiß, wie schwer, aber auch wie kostbar es ist, „zur Seele zu finden".

Es hat mich überrascht herauszufinden, dass C. G. Jung sich schon relativ früh zu Meister Eckhart geäußert hat. In den *Septem Sermones ad Mortuos* ist der Hauch von Eckhart zu spüren und dann in seinem Essay *Die Relativität des Gottesbegriffs bei Meister Eckhart* (vgl. Jung, Psychologische Typen, GW 6) sehr deutlich.

Jung ist bei Veröffentlichung seines Werkes zur Typologie 45 Jahre alt, und er schreibt im Vorwort, dass er daran über 25 Jahre gearbeitet hat. Was ihm in diesem Essay wichtig ist, will ich im Folgenden skizzieren.

Mit Hilfe der Analytischen Psychologie will Jung Eckhart verstehen, und umgekehrt versteht er Eckhart im Sinne der Analytischen Psychologie. Er ist überzeugt, dass Meister Eckharts Auffassung von Gott rein psychologisch ist. Die Einsichten Eckharts atmen einen Geist, der sich nur der Erkenntnis der eigenen Seele beugt und bestimmt ist durch *das stolze Gefühl der eigenen Gottesverwandtschaft.* Jung bedauert, dass wir leider nichts aus dem persönlichen Leben Eckharts wissen, das uns den Weg erklärte, *auf dem er zur Seele gelangt ist* (GW 6, § 411).

Aber es lasse auf persönliche Erfahrung schließen, wenn er in seiner Rede von der Reue sagt:

> *ouch noch erfraget man selten, daz die liute koment zuo grozen dingen, si sien ze dem ersten etwaz vertreten (und auch heute erfährt man selten, dass die Leute es zu Großem bringen, ohne dass sie zuerst irgendwie fehlgetreten wären).*
> Meister Eckehart, 1979, S. 72

Jung liegt ja sehr daran zu betonen, dass seine Psychologie eine Erfahrungswissenschaft ist. Religiöse Erfahrung ist für ihn seelische Erfahrung; und an die müsse man nicht glauben, weil man sie hatte, weiß man sie.

Die Relativität Gottes und Gott als psychologischer Wert

Für Jung ist das Gottesbild der symbolische Ausdruck eines psychischen Zustandes:

> Unter „Relativität Gottes" verstehe ich eine Ansicht, nach der Gott nicht „absolut", das heißt losgelöst vom menschlichen Subjekt und jenseits aller menschlichen Bedingungen existiert, sondern nach der er vom menschlichen Subjekt in gewissem Sinne abhängt, und eine wechselseitige und unerläßliche Beziehung zwischen Mensch und Gott vorhanden ist, so daß man einerseits den Menschen als eine Funktion Gottes und andererseits Gott als eine Funktion des Menschen verstehen kann.
> Jung, GW 6, § 412

Jung zieht dazu eine Aussage Eckharts heran, die er als Prior angehenden Mönchen ans Herz gelegt hat:

> *Wem also in der Wahrheit got niht innen enist sonder alles got von uzwendig muoz nemen in dem und in dem ... (Wem aber Gott nicht so wahrhaft innewohnt, sondern wer Gott beständig von draußen her nehmen muss in diesem und in jenem ... der hat Gott nicht ...*
> Meister Eckehart, 1979, S. 59 f.

Denn das Hindernis liegt in ihm. Gott ist in Objekten außerhalb seiner Seele projiziert und von diesen abhängig und es gilt, diesen Überwert vom äußeren Objekt zu lösen und nach innen zu ziehen. Für Jung ist klar, dass Eckhart hier Gott als psychologischen Wert versteht oder *daß Gott bei Eckhart ein psychischer, genauer gesagt psychodynamischer Zustand ist* (Jung, GW 6, § 418).

Gott in der Seele

Eckhart versteht unter dem Gottesreich die Seele. Die Seele ist,

> indem sie ein Bild Gottes ist. Als solches aber ist sie auch das Reich Gottes. … Dermaßen […] ist Gott in der Seele, daß sein ganzes Gottsein auf ihr beruht. Es ist ein höherer Stand, daß Gott in der Seele ist: daß sie in Gott ist, davon ist sie noch nicht selig, wohl aber davon, daß Gott in ihr ist. Verlaßt euch darauf: *Gott ist selber selig in der Seele!*
> zit. nach Jung, GW 6, § 418

Wie kommt Gott in die Seele?

Durch den Rückzug des im Außen projizierten Überwertes nach innen, in die Seele, kommt es zu einer Verbindung, Vereinigung mit Gott im Menschen. Dadurch entsteht ein *erhöhtes Lebensgefühl*, d. h. ein neues Energiegefälle. Der Gott, also die höchste Lebensintensität, befindet sich dann in der Seele, im Unbewußten (§ 421), innen und nicht außen.

Wie wirkt Gott in der Seele?

Das Unbewusste bestimmt einen, „dies fühle man und wisse es", wodurch nach Eckhart eine *Einheit des Wesens* entsteht, eine Beziehung zwischen Bewusstsein und Unbewusstem, bei der allerdings das Unbewusste an Bedeutung überwiegt. Das Erleben von Seligkeit oder Liebeswonne (ananda) rührt von einem *Gefühl strömenden Lebens* (§ 422), wo *Aufgestautes widerstandslos abfließen kann, wo es von selbst geht*, ohne Anstrengung. Es ist ein Anfangszustand, die Erfahrung eines paradiesischen Zustandes, den man als wonnevoll erfährt, wie es noch Kinder tun.

> Für diese Freude, die, unbekümmert um das Außen, allerwärmend aus dem Inne-

ren strömt, ist die Kindheit das unvergeßliche Zeichen
Jung, GW 6, § 422.

Es ist die Energie des Symbols des Kindes.

Gott in der Seele – ein schöpferischer Zustand

> … wenn die Seele als Gefäß das Unbewußte auffaßt und sich zum Bilde und Symbol davon gestaltet
> Jung, GW 6, § 425

Jung zitiert mit Eckhart Jesu Gleichnis: *Das Reich der Himmel ist gleich einem Schatz, der in einem Acker verborgen ist.* Und Eckhart formuliert sozusagen jungianisch: *Dieser Acker ist die Seele, in der verborgen liegt der Schatz des Gottesreiches.* Der Anklang an die *schwer zu erreichende Kostbarkeit* im Individuationsprozess ist deutlich. Es ist die Libido, die seelische Energie, die durch die Introversion nach innen genommen ist. Vorher war Gott *außen* gewesen, jetzt wirkt er von *innen* als verborgener Schatz, der als „Gottesreich" verstanden wird – eine aus den Tiefen wirkende Kraft, die Symbole schafft und so die Kräfte des Unbewussten an das Bewusstsein überträgt, die z B. im therapeutischen Prozess helfen, eine neue Einstellung der Wirklichkeit gegenüber zu entwickeln.

Gott – die Lebensenergie in der Seele und die Seele als Geburtsstätte Gottes

In der erneuerten Einstellung taucht die Libido-Energie wieder in den Lebensstrom ein, und der Mensch erfährt ein *wiedergewonnenes Leben*. Und das Symbol der Gottesgeburt meint genau dies. *Unaufhörlich* (Meister Eckhart) vollzieht sich dieser Vorgang wie in unserem Atemrhythmus. Es geht um die Schwingungen der Lebenskräfte, die in der Regel unbewusst ablaufen.

Participation mystique

Meister Eckharts berühmte Unterscheidung zwischen „Gott" und „Gottheit" in den Predigten 26 und 32 (*Gott hat sich von der Seele, daß er Gottheit ist, hat er von sich selber. – Dass Gott ‚Gott' ist, dafür bin ich die Ursache, wäre ich nicht, so wäre Gott nicht Gott.*) bietet Jung die Möglichkeit, die religiöse Gottesbeziehung, wie sie durch Symbole von Gottesbildern geformt ist, zu unterscheiden von der *participation mystique* an der natürlichen Schöpferkraft, in der das Ich identifiziert ist mit der *treibenden Dynamis des Unbewussten*, wo Gott als Objekt verschwindet und man eintaucht in den *Strom und Quell der Gottheit* (Eckhart).

Die Relativität des Gottessymbols

Jung fasst zusammen: In den sog. mystischen Erfahrungen ereignet sich die Wiederherstellung eines *Anfangszustandes*, die Unwahrscheinlichkeit der Identität mit Gott vermöge *dieser Unwahrscheinlichkeit, die doch zum eindrucksvollen Erlebnis* geworden ist, ergibt sich eine neue Dynamik, die Welt wird neu erlebt, weil sich die Einstellung des Menschen zu seiner Welt, innen wie außen, erneuert hat.

Jung geht es um eine *unaufhörliche* (Eckhart) *Auseinandersetzung mit dem Unbewussten*; denn im Unbewussten sind die Gegensätze vorhanden, *„das rein Gestaltlose, Chaotische der bloßen Dynamis, [und] das Bedürfnis nach Form und Gesetz* (§ 433). Die Seele taucht in den Strom des Lebens, so *muß sie auch das Symbol schaffen, das die Kraft in sich faßt, festhält und ausdrückt.* (§ 433)

Jung zitiert zum Schluss (§ 432) vom Eckhart-Interpreten Angelus Silesius einige *rührend innige Verse*, die dieselbe Relativität Gottes schildern, u. a.: *Ich bin nicht außer Gott und Gott nicht außer mir / ich bin sein Glanz und Licht und er ist meine Zier.*

Jung ist überzeugt, dass die Geistigkeit des Meister Eckhart tiefer Ausdruck des Unbewussten* ist, *des unbewußten Geistes [...], der mit der Konsequenz eines Naturgesetzes eine geistige Wandlung und Erneuerung herbeiführen wird.*“ (§ 433). **

---

*Dem Verfasser träumte in der Nacht zu Christi Himmelfahrt, in der Zeit der Abfassung dieser Skizze, dass man zwischen Gottesbild und Gott selber unbedingt unterscheiden müsse und hat das im Traum als emotional aufwühlend erlebt. – Er fragt sich, ob es wohl dem 20-, 30-jährigen Arzt C. G. Jung ähnlich erging, als er Meister Eckhart begegnete. Er erkennt, dass es Meister Eckhart auf die Einsicht in die Relativität Gottes ankommt, eben auch

auf die Unterscheidung von Gottheit und Gott. Und das ermöglicht ihm, als Psychologe von Gott und seinen Wirkungen (*wirklich ist, was wirkt*) zu reden. Und eben das ist ihm wichtig, herauszufinden, wie ein Nicht-Theologe von Gott reden kann, ohne seine Grenzen zu überschreiten. Dabei hilft ihm das Seelenverständnis von Meister Eckhart. Und so beschreibt er Eckharts theologische Aussagen in tiefenpsychologischer Sprache. Er bindet die „christlichen“ Aussagen religionsgeschichtlich, religionspsychologisch an eine „natürliche“ Religiosität der Seele eines jeden Menschen. In späteren Schriften vertieft dies C. G. Jung. Sehr eindrücklich spricht er einmal von der Seele: *Seele ist das Lebendige im Menschen, das aus sich selbst Lebende und Lebenverursachende.* (GW 9/1, § 56)

** Im Gespräch mit Menschen, „die mit Gott nichts mehr anfangen können“ war ich überrascht, dass sie von Erfahrungen sprachen, in Träumen und Ahnungen, wie sich „etwas“ in ihnen öffnete, das in eine Weite und Tiefe ging, das sie sehr berührt hat und das sie nicht in Worte fassen können.

Literatur

Flasch, K. (2010). *Meister Eckhart, Philosoph des Christentums.* München.

Jung, C. G. (1971). *Psychologische Typen. GW 6.* Olten: Walter.

Meister Eckehart. *Deutsche Predigten und Traktate,* herausgegeben und übersetzt von Josef Quint. Zürich, Diogenes, 1979.

Ulrich Schäfle
Theologe, Pastoralpsychologe, Heilpraktischer Psychotherapeut, Kontemplationslehrer, Zen, Meister-Eckhart-Gesprächsgruppen in Freiburg und Basel.

Schöpfung – Erhaltung – Zerstörung. Kann Aggression sinnvoll sein?

Theodor Seifert

Vor allem im Süden Indiens wird Shiva als „Nataraja" („König des Tanzes") im kosmischen Tanz dargestellt, tanzend auf Apasmara, dem „Dämon der Unwissenheit". Im Tanz zerstört Shiva die Unwissenheit und darüber hinaus das ganze Universum, das er jedoch gleichzeitig wieder neu erschafft. (wikipedia)

Terror, Gewalt und Grausamkeiten werden aus guten Gründen mit Aggression in Verbindung gebracht. Das Wort „Aggression" wird damit jedoch auf die Bezeichnung der Beschädigung und Zerstörung von Leben festgelegt. Die ursprüngliche positive Bedeutung von Herangehen (lat. aggredi) im Sinne einer Annäherung (an einen Ort), von Angreifen im Sinne von berühren, anpacken und auch begreifen geht dabei verloren.

Diese Sichtweise lässt wichtige Verhaltenskomponenten unerkannt und beschwört damit gerade das herauf, was vermieden werden soll: die aggressiven Durchbrüche im Kleinen wie im Großen. Überwiegt in dem unsere Erziehungsstile und therapeutischen Techniken tragenden Menschenbild der keinesfalls zu leugnende dunkle Aspekt der Aggression, so wird sich ihr heller Aspekt früher oder später „aggressiv" durchsetzen müssen.

Dass sich auch „gute Kräfte" aggressiv ihren Weg ins gelebte Leben bahnen, erscheint zunächst als ein Widerspruch in sich, führt uns aber direkt zu der im Thema formulierten Hauptthese dieser Überlegungen: Unsere Aggression steht in engstem, bis in den leiblichen Bereich hineinreichenden Zusammenhang mit den schöpferischen Prozessen und mit dem Wandel alles Lebendigen. Sie ist die Kraft, die erstarrte Formen im persönlichen, sozialen oder kulturellen Bereich „aufbricht" und die Wege für das Weiterschreiten des Lebensprozesses bahnt. Ohne Zugang zu den aggressiven Kräften des Organismus wird sich kein Mann von seinem Mutterkomplex, keine Frau von der patriarchalen Entwürdigung ihres Geschlechts, keine Gruppe von ihrem Unterdrücker befreien.

Die Wiederbelebung der Durchsetzungskraft gehört zu den wichtigsten Therapiezielen, der liebende Umgang mit diesen Kräften in Heranwachsenden ermöglicht ihnen einen autonomen und freien Umgang mit den auf Veränderungen gerichteten Kräften, erlaubt ihnen Risikofreude und Mut, auch dann noch an der Hoffnung festzuhalten, wenn vieles verloren scheint.

Die meisten Varianten der Bilder kollektiven Menschseins, wie sie uns in Märchen und Mythen überliefert sind, zeigen Formen der Aggression. Sie immer wieder zu hören, bedeutet ein „Erinnern" dessen, was an Menschenart in uns gespeichert in der Latenz liegt. Wir brauchen diese Vorbilder gewissermaßen als Such-Information für die Entfaltung der Kräfte der kollektiven, objektiven Psyche.

Berauben wir durch die verschiedensten Formen der Unterdrückung den Organismus seines energetischen Veränderungspotentials — so möchte ich die Aggression allgemein kennzeichnen — beschädigen wir ihn zutiefst und provozieren geradezu dieses Potential. Neurotische Symptome, Suizidversuche, auch Oppositionen und Revolte sind die außen erkennbaren Anzeichen.

Diese Veränderungspotenz unseres Organismus ist zunächst wertneutral, auf Erweiterung, Entwicklung und Verwandlung gerichtet. Jede aggressive politische Bewegung erlebt sich als Diener eines Fortschritts zum Besseren, versteht sich als progressiv. Die Dimensionen des Bösen erhalten diese Kräfte in verschiedenen sozialen Kontexten, wobei die gegensätzlichsten Verhaltensweisen und Ziele als gut bzw. böse angesehen werden. Im allgemein menschlichen, im archetypischen Bereich befinden wir uns jedoch noch jenseits von Gut und Böse.

Ich ziehe es deshalb vor, die Zwei-Wertigkeit des aggressiven Verhaltens zu relativieren, damit zunächst die energetischen Aspekte der Wandlung sichtbar werden. Gut und Böse legen uns viel zu rasch und zu einseitig fest. Zudem ist die Aggression eine mit der Evolution gewachsene und in Äonen geformte Kraft aller Organismen. Was uns heute an Aggressivität in der Wirtschaft oder der internationalen Politik begegnet, hat mit der ursprünglichen biologischen und in uns auch psychisch repräsentierten Form nur noch in sehr verzerrter Weise zu tun.

Die sorgfältige Analyse archetypischen Bildmaterials ermöglicht wichtige Erkenntnisse über Wesen und Dynamik der Aggression. Mythologeme, Heldengeschichten und Gottesbilder spiegeln die Geschichte unseres Bewusstseins (vgl. Neumann, 1974).

Ist es nicht höchst verwunderlich, dass gerade im „göttlichen Bereich" zerstörerische Verhaltensweisen in dominanter Weise beheimatet sind? Rudolf Otto (1963) verdanken wir den Begriff des „Mysteriums tremens", mit dem er die furcherregende Seite des Heiligen umschreibt. Er sieht in diesem Erschauen und sich Grauen vor den Göttern, in dieser Scheu vor dem Unheimlichen, ein für die religiöse Sphäre artbesonderes Gefühl der Psyche.

Nach Otto verdichten sich diese Gefühle zu Bildern von Göttern mit recht konkreten Eigenschaften, unter denen Zorn und Wut, aber auch die Schöpferkraft besonders hervortreten. Die Geschichte der Opfer enthält eine Fülle von Beispielen für die Versuche des Menschen und seines noch schwachen Ich, mit diesen gewaltigen Kräften umzugehen.

Neben dem Tremendum hebt Otto das Moment des „Energischen" besonders hervor.

Ein schauererregendes Übermächtiges von enormer, leidenschaftlicher Lebendigkeit, ein kraftvoll erregter, schöpferischer Tätigkeitsdrang wird als das Gegenüber erlebt. Er flößt dem Menschen Furcht ein, eine Furcht, die aller Weisheit Anfang ist. Es ist furchtbar, in die Hände eines so lebendigen Gottes zu fallen.
Otto, 1963, S. 27

Auch in diesem Urgefühl ist der Bezug zum Schöpferischen schon mitgegeben. Der Mensch begegnet der Dynamis per se, noch vor ihrem Auseinanderfallen in gute (schöpferische) und böse (vernichtende) Taten. Diese Urkraft kann tun und lassen was sie will, sie steht jenseits des moralischen Urteils. Furcht, besser Ehrfurcht ist die einzige mögliche Haltung dem Numinosen gegenüber. Jeder Mensch kennt eine Begegnung mit diesem leidenschaftlichen Energischen und seiner impulsiven Fülle, kennt die Angst, die ihn befällt, wenn diese Kräfte ihn bewegen.

Unzählbar sind die Versuche der Abwehr und Sicherung. Was tun wir, wenn wir einer neuen Erkenntnis oder der Gewalt der Liebe begegnen? Die Sicherheitstendenz wiederum provoziert das Veränderungspotential, die Aggression, die von der Schutzmauer aus

John Martin (1852): Sodom und Gomorrha werden von Gott unter Feuer und Schwefel zerstört, weil sie der Sünde verfallen waren. Nachdem sich keine zehn Gerechten in der Stadt fanden, und sie deshalb dem Untergang geweiht ist, wollen die Engel Abraham und seine Familie vor dem Untergang retten und schicken sie aus der Stadt. Sodom und Gomorra werden daraufhin von Gott vernichtet, indem er Schwefel und Feuer auf sie herabregnen lässt. Als Lots Frau – entgegen einem von den Engeln ausgesprochenen Verbot – auf die Stadt zurücksieht, erstarrt sie zu einer Salzsäule (Gen 19 EU). Lot und seine Töchter können sich in Sicherheit bringen und werden im Folgenden von Gott beschützt.

gesehen als böser Angreifer und Zerstörer bewährter Formen der Persönlichkeit und des Zusammenlebens erscheint.

Eine „Epiphanie der Kraft und der Gewalt" sind die heroischen göttlichen Krieger, die immer zugleich Sturm-Gottheiten und große Befruchter sind. Die Gruppe dieser Götter ist zwar vielgestaltig, weist aber charakteristische gemeinsame Merkmale auf: den Bezug zu Sturm, Donner und Regen; sie sind die Herren des Blitzes, als große Stiere die Befruchter der Erdgöttin als Kuh. Sie repräsentieren eine urtümliche Lebenskraft. Zeus verfügt über Blitz und Donner als Zeichen seiner Macht. Mit ihnen kämpft er gegen den feuerspeienden Drachen Typhon und schleudert schließlich den Ätna auf ihn. Andererseits: Aus der Stier-Hochzeit mit der kuhgestaltigen Jo ging der Held Kadmos hervor. Und als goldener Regen floss Zeus durch das Dach in die Jungfrau Danae, und sie gebar ihm einen Sohn: Perseus. Marduk, der altbabylonische Götterheld, be-

dient sich der Blitze beim Kampf mit dem Ungeheuer Tiamat. Thor ist der Donnergott der Germanen, sein Kampfesmut wie auch seine Beziehung zum Stier sind bekannt. Und selbst vom Throne Christi gehen Blitze und Donner aus (Offenbarung IV, V).

Von Anfang an scheinen das schöpferisch Befruchtende und das kriegerisch Aggressive zusammenzugehören. Stier und Horn, auf die in diesem Zusammenhang nicht weiter eingegangen werden kann, symbolisieren diese Einheit von kämpferisch-tötenden und befruchtend-schaffenden Energien in besonderer Weise. Ist das Horn gebrochen, geht das Leben zu Ende. Das Ergebnis der Analyse dieser archetypischen Bilder scheint mir der Zusammenhang von Schöpfung und Zerstörung zu sein. Dabei handelt es sich um Kräfte, die für das Weiterfließen der Lebensenergie und damit für die weitere Entwicklung und Differenzierung, wie auch für die Erhaltung der Persönlichkeit grundlegend sind. Man kann annehmen, dass sie sich im selbstregulierenden System der Psyche immer dann konstellieren, wenn vom Menschen besonders schwierige Anpassungs- oder Entwicklungsleistungen zu vollbringen sind, aber auch dann, wenn stillstehendes Leben wieder in Gang gebracht werden soll.

Der Zorn Gottes ist aus vielen Bibelstellen bekannt. Ich sehe in ihm ein anderes archetypisches Bild, das das energetische Potential jener umfassenden, unser Ich transzendierenden Kräfte, die wir mit dem Selbst meinen, darstellt. Die Dynamik der zielgerichteten Kräfte unserer Individuation kann einen so fordernden Charakter annehmen, bis hin zu schweren und sogar lebensbedrohenden Krankheitsbildern, dass eigentlich nur das Bild eines rasend zürnenden Gottes einigermaßen beschreibt, was mit diesen, wahrscheinlich mit jedem Menschen geschieht. Die analytische Psychotherapie geht im Grunde von der Hypothese aus, dass es die gehemmten Lebenskräfte sind, die das Krankheitsgeschehen verursachen und im Symptom auf eine Veränderung des gegenwärtigen Bewusstseinssystems „drängen". Die Heilung tritt dann ein, wenn der Patient diese Hinweise versteht und sein Leben entsprechend verändert.

Zur Ergänzung noch ein Beispiel aus der indischen Mythologie: Als wieder einmal ein tyrannischer Dämon die Welt zu vernichten drohte, schwollen Vishnu und Shiva vor Zorn.

Da geschah es, dass ihre ungemessenen Kräfte als Feuer aus ihrem Mund brachen. Vishnu, Shiva und alle Götter ... sandten ihre Energien in Gestalt von Feuerwirbeln und -strömen aus. Diese Feuer rannen alle zusammen und vereinigten sich zu einer flammenden Wolke, die wuchs und wuchs und sich zugleich verdichtete. Schließlich nahm sie die Gestalt der Göttin an, die mit 18 Armen bewehrt war.
Zimmer, 1951, S. 211

Die völlig „freien" Energien werden von steuernden Formungsprozessen im Bild der Göttin, des Weiblichen und der Arme, der Tat und Handlung gebunden. Wie stark das Leben ist, haben wir auf den Bikini-Inseln, dem Ort der ersten Atomexplosion, gesehen. Dort würde nie wieder Leben gedeihen, meinte man. Heute sollen die Inseln voll mit Vegetation überzogen sein, Blumen blühen wieder. Allen bösen Kräften zum Trotz, aber eben auch gestützt auf immense eigene Kräfte, die angesichts der „bösen Dämonen", denen Vishnu entgegentritt, einem kritischen und reflektierenden, zugleich von Moral und Ethik geprägten Bewusstsein als ebenso aggressiv erscheinen müssen. Phänomenologisch sind schöpferische und zerstörerische Kräfte oft nicht auseinander zu halten. Auch schöpferische Kräfte müssen zuerst zerstören, wie soll Neues sonst seine Wege finden?

Die Bildersprache der Mythen scheint mir eher geeignet, diese mit Schöpfung und Zerstörung zusammenhängenden Grundtatbestände der Existenz darzustellen, als es die abstrakte Formulierung wissenschaftlicher Hypothesen vermag. Letztere sprechen das Denken an, erstere den ganzen Menschen, sie vermögen ihn vielleicht noch zu erschüttern. Was ist schon Aggression? Was kann ich mir darunter vorstellen? Gerade die Frage nach der Vorstellung zeigt, wie sehr wir der Bilder und der Veranschaulichungen bedürfen. Mythen sind Reflexionen unserer Selbst, wir sehen uns in einem Bild, das die Psyche entwirft, aufzeichnet und zurückwirft, reflektiert. Wir Therapeuten haben allen Anlass, uns mit der Bilderwelt und ihrer Energetik vertraut zu machen, statt sie zu übersehen oder, vielleicht im Sinne einer versuchten Angstreduktion, nur von den personalen Elternfiguren herzuleiten.

Ein anderer Weg ist viel plausibler: Vater oder Mutter sind so wichtig und mächtig, weil wir sie am Anfang unseres Lebens im Raster dieser großen archetypischen Gottesbilder sehen, die unsere Wahrnehmungskategorien darstellen. Erst langsam gewinnen die Eltern dann eine konkrete und menschliche Gestalt. Stimmen sie in ihrem Charakter unglücklicherweise mit dem archetypischen Raster eines zürnenden Gottes überein, gibt es kein Entrinnen vor der „bösen Brust" (M. Klein), vielleicht bleibt nur die Psychose oder eine andere psychische Katastrophe.

Diese Bilder sind mächtige psychische Realitäten, die mit der Evolution geworden und in unserer Struktur verankert sind. Manchmal gelingt es nie, diese archetypischen Imagines von den

Atombombenabwurf auf Nagasaki am 9. August 1945. (wikimedia)
Die enorme schöpferische wie destruktive Energie, die in den Atomen der Materie gebunden ist – z. B. auch in der Sonne – war und ist für uns sowohl ein *mysterium fascinosum* als auch ein *mysterium tremendum* (Rudolf Otto, *Das Heilige*, 1917). Indem der Mensch lernt, solche elementaren Kräfte zu entfesseln und auch zu kontrollieren, beginnt er zum *homo deus* (Y. Harari, Homo deus, 2021) zu werden.

Elternfiguren wieder zu trennen, dann bleiben Vater und Mutter ein Leben lang mächtige Götter, denen man sich unterwirft und sein Leben lang opfert, deren Normen allgemeine Gesetze geworden sind, nie zu durchbrechen. Die Angst vor der Rache dieser Götter ist groß, sie überdauert als Charakterform den Tod der Eltern.

Gaben die Göttergestalten Auskunft über die energetische Natur der Aggressivität als solcher, so vermittelt der Held Einsicht in die ich-nahen Formen des Umgangs mit ihr. Ich greife, prototypisch, einige Elemente heraus, die sich nur auf den Märchenhelden beziehen.

Der Held im Märchen ist meist der dritte Sohn, die Heldin die dritte Tochter. Von ihm heißt es, dass er nicht viel spricht, einfältig ist und hinter dem Ofen hockt. Er gilt als Dümmling. Aber er ist es auch, der dem Zwerg Rede und Antwort steht, statt ihn einen dummen Knirps zu heißen (*Das Wasser des Lebens*, Grimm, KHM), und er hört auf die Stimme der ihn um Schonung bittenden und später so hilfreichen Tiere.

Die Gaben, die er im Laufe seiner Abenteuer und nach langen Mühen jeweils erhält, wie auch die Tiere, die sich ihm verbünden, sind häufig auch aggressiver Natur. *Der gelernte Jäger* (Grimm, KHM) erhält eine Windbüchse vom großen Jäger, der künftige *König vom goldenen Berg* (Grimm, KHM) bekommt von den Riesen einen Degen, der dem Befehl gehorcht: Alle Köpfe ab, nur meinen nicht. Oder er erhält von einem großen bärtigen unbekannten Mann im Wald ein Schwert und drei Hunde.

Psychologisch geht es hier insbesondere um die Einstellung des Bewusstseins zu den instinktiven, aggressiven Kräften. Die Tiere zeigen sich oft in einer hilflosen, von der Einstellung des Helden abhängigen Form. Die Entwicklung dieser Kräfte wird von der Haltung und Offenheit der Persönlichkeit mitbedingt, ihr Gut- respektive Bösesein ist erst die Folge.

In den Märchen zumindest wollen diese Kräfte die Verbindung zum Menschen. Das bestätigt die These, dass eine einfühlende, bewegliche und in gewissem Sinne sogar ehrfürchtige Haltung diesen Kräften gegenüber zu einer innerpsychischen Kooperation und damit zu einer Integration der Persönlichkeit beiträgt. Nicht Angst gegenüber der Seele, sondern wache, wahrnehmende und verstehende Haltung sind geboten. Allerdings soll sich der

Held mit diesen Kräften nicht identifizieren. Er wird nur dann in ein Tier verwandelt, das heißt wieder völlig unbewusst, wenn er Wachheit und gebotene Regel vergisst.

Windbüchse und Schwert, Tiere und Riesen stellen verschiedene Differenzierungen aggressiven Verhaltens dar. Während Windbüchse und Schwert eindeutig geistige Momente enthalten und einer bewussten Unterscheidung, oft mit aller gebotenen Klarheit und Schärfe, dienen, entsprechen Tiere und Riesen eher dem Kraft- und Aktionspotential der Psyche auf verschiedenen Stufen der Humanisierung.

Zwar variieren die Tiere vom Hund bis zu den aggressiven Wölfen, aber die Märchen zeigen übereinstimmend, wie unterschiedlich die Ausgangslage der aggressiven Kräfte im Menschen auch sein mag, dass eine Beziehung zu ihnen und ihre Wandlung möglich ist.

Als Kräfte der Natur sind sie nicht ursprünglich feindselig zum Bewusstsein eingestellt, das Gegenteil ist der Fall. Das Urteil des Bewusstseins, das von vornherein die Destruktivität dieser Kräfte annimmt, ist ein schwerwiegendes Vorurteil, das sich als Missverständnis erweist. Das zeigt sich auch in der Verhaltensforschung:

Weder Wölfe noch Ratten sind so aggressiv und böse, wie wir sie sehen. Die Kräfte werden destruktiv, wenn das Bewusstsein ihre Gefährlichkeit als gegeben annimmt. Diese Möglichkeit scheint immer zu bestehen. Deshalb sei noch einmal das Moment der Offenheit, des bereitwilligen Hinhörens auf die Sprache der Natur, ja sogar des Nichtwissens und der Einfalt betont. Das bedeutet aber für die Aggression, dass sie

- in ihrer Natur weitgehend von der Einstellung des Bewusstseins abhängt,
- in der Persönlichkeit in verschiedenen Differenzierungen vorkommt,
- sich in ihren jeweiligen Differenzierungsformen auch reguliert,
- „eigentlich" mit dem Bewusstsein und dem Ich kooperieren „will",
- sich immer in Richtung auf Domestizierung hin entwickeln „will",dem offen eingestellten Bewusstsein als hilfreiche Kraft von innen, vom Selbst her zuwächst oder zur Verfügung steht,

- in ihrer inneren Differenzierung eine veränderliche Größe ist, da die archaische Seite jederzeit, und dazu bedarf es nur kleiner Unachtsamkeiten, die höher entwickelte Seite verschlingen kann.

So wichtig diese Ergebnisse schon sein mögen, sind sie noch um Wesentliches zu ergänzen. Mit Hilfe seiner Waffen und Tiere befreit der Held die Prinzessin. Dies scheint der eigentliche Sinn der Gewinnung dieser Kräfte zu sein, denn nach der Vermählung der beiden ist meist das Märchen zu Ende.

Die Aussage, dass die Tiere mit dem Helden kooperieren wollen, muss deshalb folgendermaßen ergänzt werden: Die Tiere wollen oder sollen dem Helden den Weg zur Prinzessin, zum Weiblichen, bahnen helfen. Da liegt der eigentliche Sinn des Geschehens, von unbekannter dritter Seite arrangiert. Die Verfügbarkeit über diese Kräfte ist kein Selbstzweck, die bleibende Verbindung von Ich-Bewusstsein, aggressiver Kraft und Gefühl ist das Ziel.

Erst dann ist der Held erwachsen genug, um den alten König abzulösen und die Herrschaft zu übernehmen. Könige, mögen sie über Wirtschafts- oder Wissenschaftsimperien herrschen und über entsprechende Mittel verfügen, die den Bezug zum Gefühl verloren oder nie gehabt haben, sind in ihrer Aggressivität höchst gefährlich. Erst durch das Gefühl wird die Aggression dem menschlichen Leben verbunden, sonst entartet sie zu kaltem Sadismus. Die Verbindung zum Weiblichen scheint unumgängliche Voraussetzung des Weiterschreitens des Lebens.

Zusammenfassend ergibt sich folgendes: Die Analyse der bildhaft repräsentierten, allgemein menschlichen Erlebnisse und Verarbeitungsstrukturen bietet die Möglichkeit, gewisse Aspekte der Energetik und Dynamik der Aggression zu verstehen. Sie gibt die Berechtigung, die Aggression insbesondere mit dem Schöpferischen in Verbindung zu bringen.

Vielleicht ist sie das vom Bewusstsein erfasste energetische Potential, das die Entstehung neuer Lebensformen und damit die archetypischen Konstellationen beim einzelnen wie bei der Menschheit begleitet. Sie wäre damit der große Hilfsinstinkt, der die Befriedigung der anderen lebenswichtigen Bedürf-

nisse und ihre ständige Wandlung ermöglicht. In einer Gesellschaft heutigen Stils, die aus Komplexen und versteinerten Institutionen besteht, die sich – jeweils einseitig in ihrer Auffassung – bekämpfen, begegnen wir der Aggression in einer sehr verfremdeten und daher zu einer grundsätzlichen Beurteilung wenig geeigneten Form. Um sie recht zu verstehen, sollten wir Material heranziehen, das diesem Verfremdungsprozess nicht unterworfen war.

Die Wandlung des gesellschaftlichen Kontextes kann ich mir auf Dauer nur vorstellen, wenn sich der einzelne wieder mutig dem Wandlungsprozess seines Lebens öffnet, alte Strukturen und soziale Formen seines Lebens auch verlassen kann, auf Zukunft hin, in Sehnsucht und Hoffnung. Dann erfährt er die Aggression nicht nur in ihrer zerstörerischen, sondern auch in ihrer erhaltenden und schöpferischen Funktion. Und über ihn vielleicht auch unsere Gesellschaft.

Literatur

Grimm (1962). *Kinder- und Hausmärchen I und II*. Düsseldorf: Diederichs.

Neumann, E. (1974). *Ursprungsgeschichte des Bewusstseins*. München: Kindler.

Otto, R. (1917, Neu:1963). *Das Heilige*. München: Beck.

Zimmer, H. (1951). *Mythen und Symbole indischer Kunst und Kultur*. Zürich: Rascher.

Theodor Seifert (1931-2018)
Theodor Seifert, Dipl.-Psych., Dr. rer. biol. hum., Psychoanalytiker, Lehranalytiker und Dozent am C. G. Jung-Institut Stuttgart. Jahrelange leitende Tätigkeit bei den Lindauer Psychotherapiewochen und im Vorstand der Internationalen Gesellschaft für Tiefenpsychologie e. V.

Anm.: Der vorliegende Aufsatz ist eine gekürzte Fassung eines Vortrags von 1978, mit freundlicher Genehmigung des Verlags opus-magnum.com. Dort finden sich auch weitere Texte von T. Seifert zum kostenlosen Download.

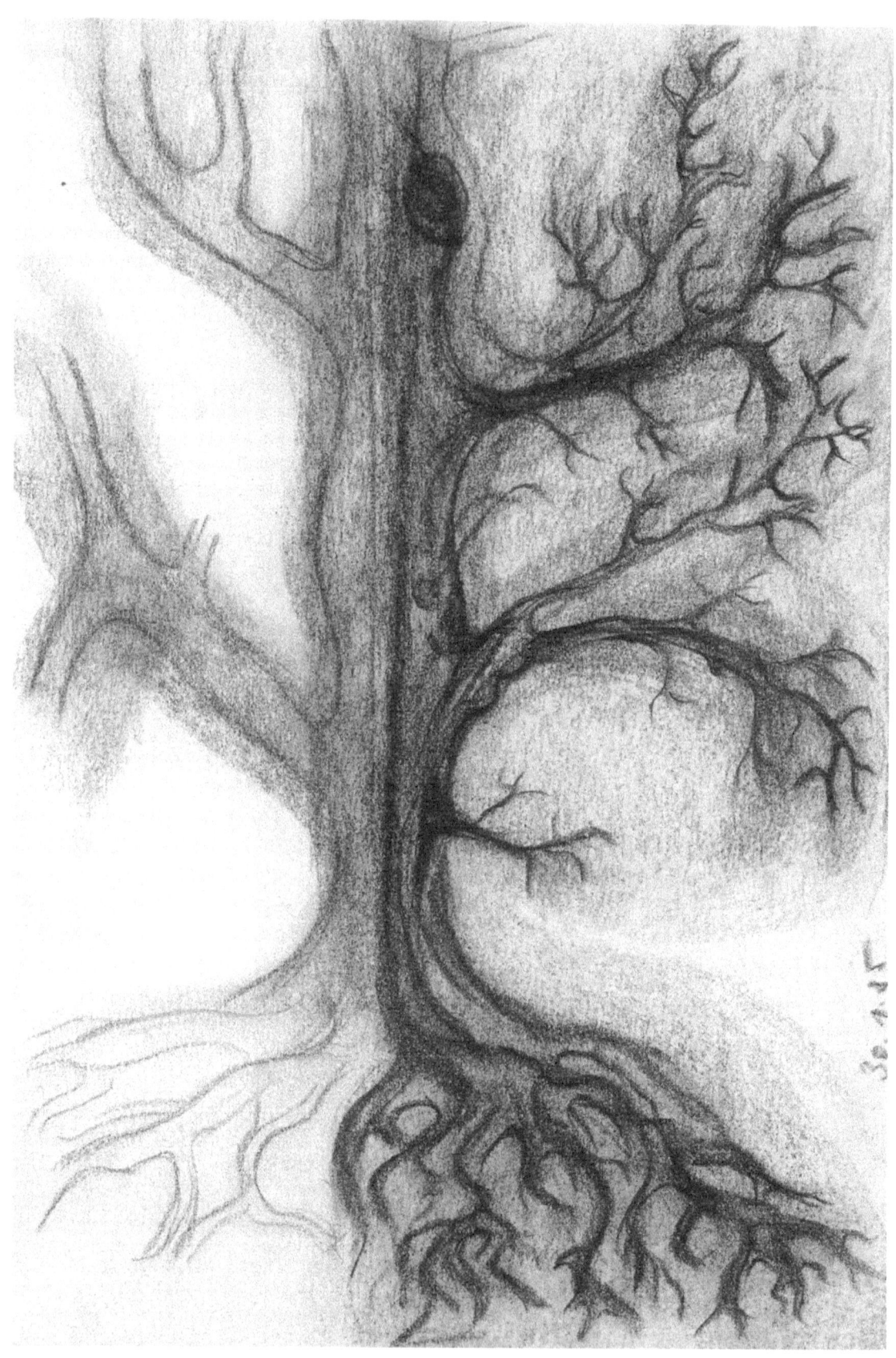

Bilder meiner Seele – Malen aus dem Unbewussten

Felice Alimé

Malen aus dem Unbewussten ist Seelenarbeit an sich selbst, so sagte C. G. Jung. Die Seele, aufscheinend aus der eigenen Tiefe, tritt in Bezug zum Ich, das in Selbstversunkenheit während des Malprozesses verharrt. Sie nimmt symbolhaft gestaltend Bezug zu aktuellen Lebensvorgängen. Unerschöpflich, vielgestaltig und farbenprächtig offenbart sich dieser Schatz, wenn man sich ihm zuwendet durch das Malen an sich, oder durch Aktive Imagination oder meditative Introspektion. Durch assoziatives Umkreisen und Erfühlen des Gestalteten kann sich das Symbol in seinem Sinn erschließen. Damit aber eröffnen sich hilfreiche, heilende Kräfte, Repräsentationen des Unbewussten, um Neues, Gegenwärtiges zu erfassen, Vergangenes loslassen zu können, loszulassen und Wandlung zu vollziehen.

A. Govinda schreibt in seinem Buch *Schöpferische Meditation* (S. 61):

> Die Macht, symbolische Bilder zu erschaffen und mit ihnen zu arbeiten ist die charakteristische Gabe, die uns zu Menschen macht, die Gabe der Imagination. Fast alles, was des Tuns wert ist, bestand zunächst im Auge des Geistes. Die Phantasie, Vorstellung, ist der charakteristische Akt menschlichen Geistes überhaupt. Diese schöpferische Vorstellung wirkt mit den Gegebenheiten der physischen Wirklichkeit und Potentialität der menschlichen Psyche auf eine sinnvolle und zielgerichtete Weise, die sich in einem neuen, einzigartigen Ausdruck der Wirklichkeit entweder in Form eines Kunstwerkes oder aber in der eines gewandelten Bewusstseins, eines verwandelten Individuums kristallisiert, das zu einem neuen, erweiterten Aspekt der Wirklichkeit erwacht ist.

War es meine anfängliche Sprachlosigkeit – schon sehr früh als Kind war ich verstummt, und das Ich infolge tiefster Introversion schien mir verloren? Da war niemand, der die inneren Bilder in Worte zu fassen wusste. Es war ein Impuls, eine Aufforderung aus der Tiefe meiner Seele, die mich zu Beginn meiner Analyse dazu veranlasste zu malen, mit einer gewissen Begabung von Kindheit an. Ich setzte mich vor das weiße Papier und ließ den Stift, zunächst einfarbig mit Rötel oder Kohle, über das Papier gleiten. Ich hatte keine Idee, was ich malen wollte, ich ließ geschehen und kommen, was kommen wollte. Letztlich tauchte mein „ICH", wenn es denn zu dem Zeitpunkt für mich überhaupt schon fassbar war, ab und überließ die Führung der Kraft, die etwas zum Ausdruck bringen wollte.

C. G. Jung nannte diesen Zustand ein *abaissement du niveau mental*. Ich kam erst wieder zu mir, wenn ich innerlich „wusste", spürte, dass das Bild fertig war. Es wurde dies für lange Zeit die einzige Form, mich auszudrücken, etwas von mir zu geben, wobei das Ich, eher noch der Intellekt, zu Anfang manches der Bilder insofern zerstörte, zumindest veränderte, da ich glaubte einen weißen Fleck, eine leere Ecke auf dem Papier noch füllen zu müssen. Dabei musste, konnte ich aber sofort entdecken, dass der Strich, mit dem ich bewusst gemalt hatte, ein völlig anderer war, als in den Augenblicken des abaissement. Ich habe es nie wieder getan, da mir deutlich und fassbar wurde, dass nicht ich diese schöpferische Arbeit bestimmte. Ich lieh der inneren Kraft nur Hand und Begabung, um auszudrücken, darzustellen, was sein wollte, sein sollte.

Ich umrundete die Bilder mehrere Tage, um zu erkennen, zu begreifen den Sinn dessen, auf das ich hingewiesen, was mir gesagt wurde. Und wenn ich auch vieles erst viel später ver-

stand, oft erst im Gespräch mit dem Analytiker, im tiefsten meiner Seele war ich berührt und beglückt, weil ich spürte, dass da eine innere Kraft war, die mich einerseits forderte und zugleich damit förderte. Ich fühlte mich unendlich bereichert. Und ich entdeckte, dass mit dem erneuten Immer-wieder-Betrachten sich eine wirklich lebendige Beziehung zwischen mir und dem Bild entwickelte und ich immer wieder Neues entdecken konnte, woraus sich eine Anregung, eine Differenzierung und Bewusstseinserweiterung ergab.

Gerade die ersten Bilder, „Der gespaltene Baum" (vgl. S. 28), der mir deutlich machte, wie und wo ich mich befand, oder „Der Wandlungscharakter" (vgl. S. 30, benannt nach E. Neumann), so wie die Träume, wiesen mir den Weg, wie es weiter gehen konnte. Sie zeigten mir Möglichkeiten der Entwicklung und Wandlung auf, etwas, was mich tröstete und zugleich Mut machte, weiter zu gehen, weiter zu arbeiten, auch wenn es manchmal unendlich schwer fiel, insbesondre in der absoluten Einsamkeit, in der ich mich befand. In der Einsamkeit geschieht Wandlung, so heißt es.

> Richtige „Bilder aus dem Unbewussten" geben einen Einblick in Seelenlandschaften, wo das Unaussprechliche, das nur dunkel Geahnte, das Unfassbare und doch Drängende beheimatet ist, was sich früher in Kulturen und Ritualen, Mythen und Märchen auszudrücken vermochte. (J. Jacobi, *Vom Bilderreich des Seele, 1977, S. 35*).

Es sind Erfahrungen aus großer Tiefe zu Beginn meines Weges der Selbstfindung und des Entwicklungsprozesses, symbolisiert in mehr archetypischen Motiven, da sich individuelle und archetypische Realität der Psyche gegenseitig durchdringen, die mir deutlich machten, wo ich entwicklungsmäßig auf meinem Weg zur Ich-Bewusstheit stand.

Der unbewusst wirkende Inhalt eines Archetyps z. B. tritt dem Bewusstsein, wenn er wahrgenommen wird, in der symbolischen Gestalt eines Bildes entgegen, so E. Neumann in *Die Große Mutter*. Er schreibt (S. 20 f.):

> Ein seelisches Etwas kann ja notwendigerweise nur dann zu einem Bewusst-

seinsinhalt, d. h. vorgestellt werden, wenn es Vorstellbarkeit, d. h. Bildhaftigkeit besitzt.

Weiter führt Neumann aus:

> Die Eindrücklichkeit, Bedeutsamkeit, energetische Besetzung und Numinosität des archetypischen Bildsymbols entspricht dem Gewicht, das der Instinkt für das ursprüngliche Dasein des Menschen besitzt. Die Repräsentation der Instinkte im Bewusstsein, ihre Sichtbarwerdung im Bild gehört zu den wesentlichen Bedingungen des Bewusstseins überhaupt.

Und C. G. Jung (GW 6, § 814):

> Nur so konnte ich den Anschluss finden zu meiner Seele, meinen Begabungen und weiter in Kontakt kommen zum Selbst, dem Gesamtentwurf aller psychischen Phänomene im Menschen. Es drückt die Einheit und Ganzheit der Gesamtpersönlichkeit aus.

Mit der Zeit wurden die Bilder farbiger, vielfältiger und lebendiger. Zugleich wiesen sie mir den Weg, stellten weitere Verbindungen her zur Literatur von C. G. Jung und anderen Autoren, deren Lektüre mir in meinem einsamen Sein und Tun weiter halfen und immer wieder Sinn und damit Kraft, Vertrauen und Halt gaben. Inwieweit ich hier schon von *Transzendenter Funktion* sprechen kann, möchte ich dahingestellt sein lassen, das was C. G. Jung definiert als *die Verwandlung der Persönlichkeit durch die Mischung und Bindung edler und unedler Bestandteile, der differenzierten und der minderwertigen Funktionen, des Bewussten und des Unbewussten* (vgl. GW 7, § 360)

> Dann aber gibt nämlich das Unbewusste alle jene Förderung und Hilfe, welche eine gütige Natur in überquellender Fülle dem Menschen vermitteln kann. Es hat ja Möglichkeiten, die dem Bewusstsein verschlossen sind, denn es verfügt über alle unterschwelligen (subliminalen) psychischen Inhalte, über all das Vergessene und Übersehene und zudem über die Weisheit der Erfahrung ungezählter Jahr-

sinn und zweifel

tausende, die in seinen archetypischen Strukturen niedergelegt sind.
(GW 7, § 196)

Und mit etwas anderen Worten schreibt A. Govinda in seinem Buch *Grundlagen tibetischer Mystik* (S. 77/78):

Der unterbewusste Daseins- oder Weltenstrom, in dem alle Erfahrungen und Bewusstseinsinhalte seit anfangsloser Zeit aufgespeichert sind, um, wenn die jeweiligen Bedingungen und Assoziationen es erfordern, ins aktive Wachbewusstsein zu treten; die Existenz des Stromes besteht in seiner Kontinuität und in der Stetigkeit oder Gesetzmäßigkeit der Relationen, die innerhalb der wechselnden Komponenten bestehen. Die Beobachtung dieser Kontinuität ist es, die zur Entstehung unseres Selbstbewusstseins führt. (…) Nur aus dem Erlebnis, dass wir nicht nur ein Teil des Ganzen sind, sondern auch das Wissen, dass jedes Individuum das Ganze zur Basis hat und ein bewusster Ausdruck des Ganzen ist, aus diesem Erleben erwachen wir zur Wirklichkeit, zur Erlösung. Letztlich aber ist es das Universum, das sich im Individuum bewusst wird.

Klarer und deutlicher könnte man es nicht ausdrücken als diese beiden Autoren. Daraus ergibt sich die hohe Bedeutung der Seelenbilder für jeden Einzelnen, welche in einer starken Änderung der Persönlichkeit gipfelt, woraus sich zugleich auch Wandlung und Erweiterung der Menschheit allgemein ergibt.

Letztlich hat mich der Prozess und die Auseinandersetzung mit den Bildern zur Erreichung des Mittelpunktes der Persönlichkeit geführt, so wie C. G. Jung es beschreibt.

Wenn man sich mit dem Ich als Zentrum des Bewusstseins dem Unbewussten gegenübergestellt denkt, und wenn man sich nun den Prozess der Assimilation des Unbewussten dazu vorstellt, so kann man sich diese Assimilation als eine Art Annäherung zwischen Bewusstsein und Unbewusstem denken, wobei das Zentrum der totalen Persönlichkeit nicht mehr mit dem Ich zusammenfällt, sondern ein Punkt in der Mitte zwischen Bewusstsein und Unbewusstem ist. Dies wäre der Punkt des neuen Gleichgewichtes, eine neue Zentrierung der Gesamtpersönlichkeit, ein vielleicht virtuelles Zentrum, welches der Persönlichkeit wegen seiner zentralen Lage zwischen Bewusstsein und Unbewusstem eine neue sichere Grundlage gewährt.
Jung, GW 7, § 367

Das ist es, was ich mit Staunen, mit Freude und tiefster Dankbarkeit erleben darf, ein Entwicklungs- und Wandlungsprozess, begonnen mit den Bildern meiner Seele. Auch wenn ich scheinbar in zwei Welten gehe, der des Bewusstseins und der des Unbewussten, es ist doch eine Welt.

So will und werde ich weiter gehen.

Felice Alimé ist ein Pseudonym.

Alfred Adler zur Frage nach einem sinnerfüllten Leben

Eines aber erscheint mir als sicher, dass nämlich Adlers Lebenswerk eine der wichtigsten Grundlagen des Gebäudes einer zukünftigen psychischen Heilkunst bildet.
(C. G. Jung, zit. nach Jaffé, A. (1977): *C. G. Jung, Bild und Wort*. S. 65)

Alfred Adler (1870-1937) entwickelte in Abgrenzung zu Freuds Psychoanalyse die „Individualpsychologie". Er wollte den Menschen in seiner einmaligen Ganzheit sehen, „die Seele selbst, den Geist an sich; wir prüfen den Sinn, den der Mensch der Welt und sich selbst gibt, seine Ziele, die Richtung seiner Bestrebungen und die Art, wie er an die Lebensfragen herangeht." Besonders bekannt wurde er durch die Entdeckung des „Minderwertigkeitskomplexes" (vgl. Jung-Journal Heft 46), und dessen bestmögliche Überwindung durch das Gemeinschaftsgefühl.

Ölgemälde nach Foto in der Art F. W. Benson

Folgende Zitate sind aus A. Adler. *Der Sinn des Lebens* (1933). Frankfurt: Fischer, 1973:

Nach einem Sinn des Lebens zu fragen hat nur Wert und Bedeutung, wenn man das Bezugssystem Mensch-Kosmos im Auge hat. Es ist dabei leicht einzusehen, daß der Kosmos in dieser Bezogenheit eine formende Kraft besitzt. Der Kosmos ist sozusagen der Vater alles Lebenden. Und alles Leben ist ständig im Ringen begriffen, um den Anforderungen des Kosmos zu genügen. [...] ein Streben, ein Drang, ein Sichentwickeln, ein Etwas, ohne das man sich Leben überhaupt nicht vorstellen kann. Leben heißt sich entwickeln [...] (S. 171 f.)

Ich sehe keinen Grund, sich vor der Metaphysik zu fürchten, sie hat das Leben der Menschen und ihre Entwicklung im stärksten Grad beeinflußt. Wir sind nicht mit der absoluten Wahrheit gesegnet, deshalb sind wir gezwungen, uns Gedanken zu machen über unsere Zukunft, über das Resultat unserer Handlungen usw. Unsere Idee des Gemeinschaftsgefühles als der letzten Form der Menschheit, eines Zustandes, in dem wir uns alle Fragen des Lebens, alle Beziehungen zur Außenwelt gelöst vorstellen, ein richtendes Ideal, ein richtunggebendes Ziel, dieses Ziel der Vollendung muß in sich das Ziel einer idealen Gemeinschaft tragen, weil alles, was wir wertvoll finden im Leben, was besteht und bestehen bleibt, für ewig ein Produkt dieses Gemeinschaftsgefühles ist. (S. 176)

Wir wollen nicht entscheiden, nur das eine können wir sagen: eine Bewegung des einzelnen und eine Bewegung der Massen kann für uns nur als wertvoll gelten, wenn sie Werte schafft für die Ewigkeit, für die Höherentwicklung der gesamten Menschheit. (S. 178)

Es besteht die berechtigte Erwartung, daß in viel späterer Zeit, wenn der Menschheit genug Zeit gelassen wird, die Kraft des Gemeinschaftsgefühls über alle äußeren Widerstände siegen wird. Dann wird der Mensch Gemeinschaftsgefühl äußern wie Atmen. Bis dahin bleibt wohl nichts anderes übrig, als diesen notwendigen Lauf der Dinge zu verstehen und zu lehren. (S. 182)

Erich Fromm zur Frage nach einem sinnerfüllten Leben

Erich Fromm (1900–1980), geboren in Frankfurt am Main, studierte Soziologie und Psychoanalyse, emigrierte 1933 in die USA, siedelte 1950 nach Mexiko über und verbrachte seinen Lebensabend zwischen 1974 und 1980 in der Schweiz. Seine Bücher „Die Furcht vor der Freiheit" und „Die Kunst des Liebens" machten ihn weltbekannt. „Haben oder Sein" ist der Titel des 1976 entstandenen Kompendiums seines humanistischen Denkens und Einsatzes für das Überleben des Menschen in einer durch Entfremdung gekennzeichneten Welt.

In dem von Rainer Funk herausgegebenen Büchlein *Leben zwischen Haben und Sein* (Freiburg, Herder 1993, S. 4) stellt er wichtige Aspekte der für Erich Fromm grundlegenden Orientierung am Sein dar:

- Für den, der sich am Sein orientiert, ist die Freude am Leben typisch, während für den am Haben Orientierten eine spezifische Verlustangst und Depressivität kennzeichnend ist, die bevorzugt durch suchthafte Formen des Konsumierenmüssen kompensiert werden.

- Wer sich am Sein orientiert, ist produktiv tätig und lebt aus einer inneren Aktivität, während der am Haben Fixierte von einer eigenartigen Passivität bestimmt ist; in Wirklichkeit wird er gelebt. Um diese Passivität zu vermeiden, fliehen viele in einen geschäftigen Aktivismus.

- Kreativität ist immer ein Merkmal der Orientierung am Sein; ihr entspricht als Wesensmerkmal des am Haben Orientierten eine unendliche Langeweile, die bevorzugt mit Aktivitäten kompensiert wird, bei denen noch „etwas los" ist: mit „action", Gewalt und Destruktivität.

- Sich in seinen Eigenkräften selbst zu erleben, ist gleichbedeutend mit der Orientierung am Sein; der am Haben Orientierte hingegen kämpft immer gegen einen drohenden Selbstverlust, den er durch eine narzißtische Aufblähung von sich abzuwehren versucht.

- Für jede Orientierung am Sein ist eine humanistische Religiosität typisch, die sich gegen jede Art der Verdinglichung, Berechenbarkeit und Vergötzung des Menschen richtet, während der am Haben Orientierte durch einen tiefen Unglauben gekennzeichnet ist, den er mit überbrachten Gottesbildern oder den Göttern des Industriezeitalters zu kompensieren trachtet.

- Die Liebe zum Leben ist das Kennzeichen aller seinshaften Wachstumskräfte, während der am Haben Hängende vor jeder Trennung panische Ängste entwickelt. Die Tatsache, daß er eines Tages auch vom Leben getrennt wird, erzeugt beim am Haben Orientierten eine cha-rakteristische Angst vor dem Tod, die meist nur in ihrer Abwehr als Verleugnung des To-des, als Unsterblichkeitsglaube oder als Faszination für das Tote und für das, was nicht mehr sterben kann, in Erscheinung tritt.

Glücklich wird der Mensch
durch die Bestätigung seiner eigenen Kräfte,
wenn er sich selbst aktiv in der Welt erlebt.
Es lässt sich zeigen,
dass das Glück für den Menschen
in der Liebe zum Leben liegt.

Erich Fromm

Macht der Ödipuskomplex Sinn?
Erich Fromms fruchtbare Zweifel

Rainer Funk

Ölgemälde nach einem Foto in der Art F. W. Benson

Das Werk von Erich Fromm (1900–1980) ist von einem Paradigmenwechsel bestimmt, den der 37-jährige Soziologe und Psychoanalytiker bei dem Versuch vollzogen hat, die Erkenntnisse Freuds über das Unbewusste und Verdrängte auf gesellschaftliche und kulturelle Größen anzuwenden. Lassen sich die zentralen Theorien über die Triebwünsche und Konflikte des Kindes hinsichtlich seiner Elternbeziehung in anderen Kulturen bestätigen?

Erste Zweifel kamen Fromm, als er die Forschungen Johann Jakob Bachofens kennen lernte. Bachofen hatte bereits 1861 Kulturen beschrieben, die mutterrechtlich organisiert

waren und bei denen die Vater-Sohn-Beziehung kaum eine Rolle spielte. Auch die kulturanthropologischen Forschungen von Ruth Benedict und Margaret Mead, die Fromm nach seiner Emigration 1934 in New York auch persönlich kennen lernte, waren eindeutig: Nicht nur hat die Sexualität und deren Verdrängung in vielen Kulturen einen ganz anderen Stellenwert für das psychische Geschehen, auch die Konflikte und Komplexe, die sich aus der Abhängigkeit des Kindes von ihren (meist elterlichen) Bezugspersonen ergeben, erweisen sich nicht als von prägenitalen und genitalen Triebwünschen erzeugt; vielmehr spiegeln sie die für die Kulturen und Ethnien spezifischen Arten der Bezogenheit wider. Eine libido-theoretische Erklärung, wie sie für den von Sigmund Freud beschriebenen Ödipuskomplex plausibel scheint, greift deshalb nicht (Fromm, 1992e [1937], S. 140-143).

Die kulturanthropologischen Forschungen waren für Fromm nur ein, wenngleich wichtiges Argument, psychische Phänomene nicht generell mit Hilfe der Sexualtriebtheorie zu erklären, sondern das Bedürfnis nach Bezogensein zum Ausgangspunkt seiner Psychoanalyse zu machen. Die Auswirkungen von Fromms Zweifeln an der freudschen Triebtheorie und der durch die Bezogenheitstheorie ermöglichte Wandel des Sinns von Konflikten und Komplexen lassen sich besonders eindrücklich beim Ödipuskomplex illustrieren.

Der Ödipuskomplex nach Freud

In den Worten Fromms nimmt der Ödipuskomplex seinen Ausgang bei sexuellen Wünschen des vier bis fünf Jahr alten Jungen nach seiner Mutter.

> Er will sie für sich haben, und der Vater wird zu seinem Rivalen. So entwickelt er eine Feindseligkeit gegen den Vater, möchte an seine Stelle treten und ihn letzten Endes beseitigen. Mit dem Gefühl, den Vater zum Rivalen zu haben, entwickelt der kleine Junge auch eine Angst, von ihm kastriert zu werden. Fromm, 1979a, S. 281

Pate für die Bezeichnung *Ödipuskomplex* stand für Freud der griechische Mythos von Ödipus, der *sich in seine Mutter verliebt, ohne zu wissen, dass die geliebte Frau seine Mutter war* (ebd.).

Die erste Erörterung des Sinns des Ödipuskomplexes findet sich bei Fromm 1927 in einem kleinen religionspsychologischen Beitrag: In *Der Sabbat* geht es um die Bedeutung des jüdischen Sabbatgebots.

Es ist überhaupt Fromms erste psychoanalytische Veröffentlichung, nachdem er 1923 Freuds Psychoanalyse kennen gelernt hatte und ein Jahr zuvor zusammen mit seiner Frau in einem rituellen Akt des Ungehorsams von seiner Vaterreligion Abschied genommen hatte: Die beiden aßen am Fest der ungesäu-erten Brote, also an Pessach, bewusst gesäuertes Brot.

Fromm versucht einen Widerspruch zu erklären, den er im jüdischen Sabbatgebot ausmacht: Warum ist an dem Tag, wo man sich von der Mühsal der Arbeit erholen soll, im Judentum so vieles verboten, was eine zusätzliche Erschwernis des Lebens bedeutet: *„zu kochen und zu backen (Ex 16,23), das Haus zu verlassen (Ex 16,29), oder Feuer anzuzünden (Ex 35,3)"* – also *„Erschwerungen, die wir viel eher an einem Trauer- und Bußtage erwarten würden"*? (Fromm, 1927a, S. 1.)

Ganz an der Theorie Freuds orientiert, sieht Fromm eine ursprüngliche Bedeutung des Ruhegebots am Sabbat darin, dass an ihm jede Arbeit als „Bezwingung der Materie, des mütterlichen Stoffes" verboten sein soll. *Was ursprünglich in erster Linie am Sabbat verhütet werden sollte, war (deshalb) die inzestuöse Bezwingung der Mutter Erde wie der Natur überhaupt durch den Menschen.* (ebd., S. 3).

Hinter diesem Sinn vermutet Fromm aber noch einen anderen: *Dient der Sabbat ursprünglich der Abwehr von Inzesttendenzen (...), so liegt es nicht ferne, daran zu denken, dass er auch der Erinnerung an das Urverbrechen, die inzestuös determinierte Vatertötung, geweiht ist.* Allerdings sei diese Erinnerung an die Tötung des Vaters im „Mythos der Bibel bereits" verdrängt (ebd., S. 4).

So kommt Fromm zu dem Schluss, dass *der Sabbat ursprünglich der Erinnerung an die Tötung des Vaters und die Gewinnung der Mutter (galt), das Arbeitsverbot gleichzeitig der Buße für das Urverbrechen und seine Wiederholung durch Regression auf die prägenitale Stufe* (ebd., S. 9). Die Universalität des Ödipuskomplexes und seine entscheidende Bedeutung für die Entwicklung von Neurosen standen zu diesem Zeitpunkt noch nicht in Frage.

Gleiches gilt für einen kleinen Beitrag aus dem Jahr 1930 mit dem Titel *Ödipus in Innsbruck* (Fromm, 1930d). In ihm geht es um einen Prozess in Innsbruck und den Vorwurf der absichtlichen Tötung seines Vaters bei einer Bergtour, bei dem psychiatrische Gutachter argumentieren, der Sohn könne auch an einem Ödipuskomplex leiden. Fromms Bemühen ist es hier, die Universalität des Ödipuskomplexes zu unterstreichen: Wenn die Gutachter

Freud wirklich gelesen hätten, dann *hätten sie nicht nur entdeckt, dass der Ödipuskomplex nichts Anormales ist, sondern auch, dass die unbewusste Feindseligkeit zwischen Vater und Sohn (...) nicht im realen Morden zu enden pflegt* (ebd., S. 134).

Der Ödipusmythos nach Erich Fromm

Wie bereits erwähnt, vollzog Fromm 1937 den Schritt zu einem psychoanalytischen Erklärungsrahmen, bei dem nicht mehr der Sexualtrieb und der Ödipuskomplex im Mittelpunkt des Interesses stehen, sondern *die Frage der Art der Bezogenheit des Menschen* auf die Wirklichkeit, auf andere Menschen, auf sich selbst und auf die ihm Beheimatung gebende soziale Gruppe. Dieser Ansatz bei der Art der Bezogenheit des Menschen erwies sich vor allem für das Verständnis des Ödipusmythos als sehr fruchtbar, wie er von Aischylos in seiner Trilogie literarisch zur Darstellung gebracht wurde.

Ende der 1940er Jahre beschäftigte sich Fromm intensiv mit dem Ödipusmythos und schrieb zunächst den Beitrag *The Oedipus Complex and the Oedipus Myth* (Fromm, 1949b), den er in sein Buch *Märchen, Mythen, Träume* (als Abschnitt *Der Ödipusmythos*) übernahm (Fromm, 1951a, S. 273-293). Fromm will mit seinen Ausführungen gezielt *eine abweichende Auffassung* darlegen,

> ... welche nicht in sexuellen Wünschen, sondern in der Einstellung zur Autorität – einem der wichtigsten Aspekte zwischenmenschlicher Beziehungen – das Hauptthema des Mythos sieht.
> Fromm ebd., S. 273

Anders als Freud, der sich bei der Begründung des Ödipuskomplexes nur auf die Tragödie *König Ödipus* bezieht, hat Fromm die gesamte Trilogie im Blick und formuliert von dorther die „Hypothese",

> dass der Mythos nicht als Symbol der inzestuösen Liebe zwischen Mutter und Sohn, sondern als Rebellion des Sohnes gegen die Autorität des Vaters in der patriarchalischen Familie zu verstehen ist und dass die Heirat von Ödipus und

Jokaste nur ein sekundäres Element, nur eines der Symbole für den Sieg des Sohnes ist, der den Platz des Vaters mit allen seinen Privilegien einnimmt.
Fromm, ebd., S. 275

Nicht das Inzestproblem bestimmt die Trilogie, sondern das sich

> ... durchziehende Thema ist der Konflikt zwischen Vater und Sohn. In *König Ödipus* tötet Ödipus seinen Vater Laios, der ihn als kleines Kind hatte umbringen wollen. In *Ödipus auf Kolonos* lässt Ödipus seinem wilden Hass auf seine Söhne freien Lauf, und in *Antigone* treffen wir auf den gleichen Hass zwischen Kreon und Haimon.
> Fromm, ebd., S. 276

Den Schlüssel für den neuen Sinn des Ödipusmythos findet Fromm in *Antigone* und der besonderen Beziehung zwischen Haimon und Kreon. Kreon repräsentiert nämlich *das streng autoritäre Prinzip sowohl in der Familie als auch im Staat*, gegen das Haimon rebelliert. Ihr Kampf reicht *bis in die uralten Kämpfe zwischen dem patriarchalischen und dem matriarchalischen Gesellschaftssystem* zurück. Und hier repräsentiert Ödipus *ebenso wie Haimon und Antigone das matriarchalische Prinzip* (ebd., S. 277).

Vor dem Hintergrund von Bachofens Unterscheidung zwischen mutterrechtlich und vaterrechtlich organisierten Gesellschaften erschließt sich für Fromm ein anderer Sinn des Ödipusmythos und der ganzen Trilogie. Es geht um einen *Angriff der Vertreter des besiegten matriarchalischen Systems gegen die siegreiche patriarchalische Ordnung* (ebd., S. 280). Zwar ist Ödipus ein Mann, doch er gehört *der Welt dieser matriarchalischen Göttinnen an, und seine Kraft beruht auf seiner Verbundenheit mit ihnen* (ebd., S. 284); er hasst seine Söhne, weil sie *sich gegen das ewige Gesetz der Natur vergangen* hätten (ebd., S. 285).

Noch deutlicher wird das Thema matriarchales Recht gegen patriarchales Recht in *Antigone*, wo Antigone das matriarchale Prinzip der *Gleichheit aller Menschen, das Prinzip der Achtung vor dem menschlichen Leben und das Prinzip der Liebe* repräsentiert, während

Kreon das patriarchale Prinzip von *Ordnung und Autorität, des Gehorsams und der Hierarchie* vertritt (ebd., S. 286 f.) Für Fromm steht Antigone für Solidarität der Menschen und das Prinzip der allumfassenden mütterlichen Liebe. Kreon hingegen muss *über Antigone siegen, um die patriarchalische Autorität und mit ihr seine Manneskraft zu behaupten* (ebd., S. 288). Der Konflikt verschärft sich noch dadurch, dass Haimon, Kreons Sohn, die Werte von Antigone vertritt.

Ohne hier auf die von Aischylos geschilderte Dramatik einzugehen, lässt sich der Schluss ziehen, dass nicht das Verbrechen des Inzests das Thema der Trilogie ist, sondern der Kampf zwischen matriarchalen und patriarchalen Werten und Ordnungen. Für Fromm ist nicht *Ödipus, sondern Kreon (...) am Ende besiegt und mit ihm das Prinzip des Autoritären, der Herrschaft des Menschen über den Menschen, der Herrschaft des Vaters über seinen Sohn und der Herrschaft des Diktators über das Volk* (ebd., S. 290 f.).

Was bedeutet nun dieser andere Sinn des Mythos für das Verständnis der psychosozialen Entwicklung des Kindes und der dabei sich entwickelnden Konflikte?

Bemerkungen zum „Fall des kleinen Hans"
Seine Zweifel an der Bedeutung, die Freud dem Ödipuskomplex für neurotische Erkrankungen zumisst, hat Fromm in den 1960er Jahren auch an jener Kasuistik verdeutlicht, die Freud 1909 in der *Analyse der Phobie eines fünfjährigen Knaben* veröffentlicht hat. Der Fall des kleinen Hans, den Freud in Therapie hatte und beschreibt, scheint zunächst ein schlagender Beweis für die pathogene Rolle des Ödipuskomplexes zu sein. Der kleine Hans wünscht sich den Vater weg, will nur noch bei der Mama sein und entwickelt nach der Geburt eines Geschwisters eine phobische Angst, von einem Pferd gebissen zu werden. Freud deutet diese Angst als Angst, vom Vater kastriert zu werden. Zugleich jagt der Anblick eines gefallenen Pferdes Hans eine heftige Angst ein; Freud bringt diese Angst mit dem Wunsch in Verbindung, der Vater möge tot sein. Hans will deshalb dem Anblick eines Pferdes aus dem Weg gehen.

Die genaue Analyse der von Freud mitgeteilten Äußerungen des Kindes lassen Fromm (und die mexikanischen Mitautoren) zu dem Schluss kommen, dass der kleine Hans nicht vor dem Vater und dessen Katrationsdrohung Angst hat. Tatsächlich zeigte die Mutter ein verführerisches Interesse an Hans, und war es die Mutter, die die Kastrationsdrohung aussprach. Die Phobie von Hans habe deshalb mit der Angst zu tun, von der Mutter fallen gelassen und verlassen zu werden. Damit aber steht die Mutterbeziehung im Mittelpunkt der neurotischen Symptombildung, während es ausreichend Hinweise gibt, dass der Vater von Hans gesucht wird, um dem Konflikt mit der Mutter zu entkommen.

Fromm schreibt es der extrem patriarchalischen Einstellung Freuds zu, dass dieser

> ... sich einfach nicht vorstellen (konnte), dass eine Frau die Hauptursache der Angst sein könnte. (...) Anstatt der Angst vor dem Vater entdecken wir genau das Gegenteil: Es scheint, dass Hans den Vater braucht, damit er ihn vor der bedrohlichen Mutter beschützt.
> Fromm et al., 1966k, S. 146

Wie lässt sich dann aber die Phobie von Hans erklären? Die Bedrohung durch die Mutter wird zum einen in aktiven Verführungsangeboten der Mutter gesehen (die Mutter hatte es gerne, den kleinen Hans bei sich im Bett zu haben und ihn mit aufs Klosett zu nehmen), zum anderen in der Kastrationsdrohung durch die Mutter und das reale Erleben eines Todesfalls (Hans hatte erstmals eine Beerdigung miterlebt und muss den Tod mit großer Angst erlebt haben, sonst hätte er das gefallene Pferd nicht als tot gewähnt). Nicht zu vergessen, die Geburt der Schwester, die die Beziehung zur Mutter völlig verändert hat.

Dieses Ereignis lässt Fromm vermuten, dass die Phobie nicht nur durch die Angst vor dem Verlust der Mutter ausgelöst wird, sondern auch von einer *verdrängten feindseligen Aggression gegen die Mutter aufgrund ihrer Drohungen und ihres „Verrats"* (...), *der darin bestand, dass sie ein Töchterchen – eine Rivalin – zur Welt brachte* (ebd., S. 147 f.).

Fromms Fokussierung auf den Einfluss kultureller und gesellschaftlicher Vorgaben für die psychosoziale Entwicklung hat ihn vor allem für die Bedeutung der frühen Mutterbindung sensibilisiert und für Freuds *blinden Fleck* (ebd., S. 146) eines Denkens in patriarchalen Kategorien, der Freud dazu führte, den Vater-Sohn-Konflikt zum Kernproblem zu machen. Die emotionale Bindung zwischen Kind und Mutter geht für Fromm

> ... tiefer, als der Begriff der „prägenitalen Fixierung" ausdrückt. (...) Tatsächlich vertritt (die Mutter) das Leben selbst, alles, was zum Leben und zur Vermeidung von Angst notwendig ist. Mutterliebe ist eine bedingungslose Liebe. [...] Aber aus eben demselben Grund ist die Mutter auch Gegenstand der intensivsten Furcht. Sie kann Leben geben, und sie kann Leben vernichten.
> Fromm, ebd., S. 147

Nicht nur Fromms Zweifel an der Libidotheorie, sondern sein Interesse dafür, wie kulturelle und gesellschaftliche Bezogenheitsformen die psychischen Strukturbildungen und Prozesse inhaltlich mitbestimmen, haben Fromm schon früh erkennen lassen:

> Für den kleinen Jungen (wie auch für das kleine Mädchen) hat die Mutterimago eine größere Bedeutung als die Vaterimago, und zwar sowohl hinsichtlich der Liebesbindung als auch hinsichtlich der Angst.
> Fromm, ebd., S. 150.

Literatur

Alle Zitate sind der *Erich Fromm-Gesamtausgabe* (GA) in 12 Bänden entnommen, die 1999 bei der DVA und dem dtv publiziert wurde und seit 2014 auch als E-Book zugänglich ist (https://books. openpublishing. com/document/335933). Sie werden nach den dort gebrauchten Kürzeln zitiert:

– 1927a. *Der Sabbat*. GA VI, S. 1-9.

– 1930d. *Ödipus in Innsbruck. Zum Halsmann-Prozess.* GA VIII, S. 133-136.

– 1949b. The Oedipus Complex and the Oedipus Myth", in: R. N. Anshen (Hg.): *The Family. Its Function and Destiny*. New York: Harper and Bros, S. 334-358.

– 1951a. *Märchen, Mythen, Träume. Eine Einführung in das Verständnis einer vergessenen Sprache*. GA IX, S. 169-209.

– (et al.) 1966k. *Der Ödipuskomplex. Bemerkungen zum ‚Fall des kleinen Hans'.* GA VIII, S. 143-151.

– 1979a. *Sigmund Freuds Psychoanalyse – Größe und Grenzen*. GA VIII, S. 259-363.

– 1992e [1937]. *Die Determiniertheit der psychischen Struktur durch die Gesellschaft. Zur Methode und Aufgabe einer Analytischen Sozialpsychologie*, GA XI, S. 129-175.

Rainer Funk

Psychoanalytiker in Tübingen, promovierte 1977 über Fromm, war Fromms wissenschaftlicher Mitarbeiter, verwaltet seine Rechte und im Erich Fromm-Institut in Tübingen seinen Nachlass. Er lehrt an der International Psychoanalytic University (IPU) in Berlin und leitet dort das Erich Fromm Study Center mit.

sinn und zweifel

Viktor Frankl zur Frage nach einem sinnerfüllten Leben

Die folgenden Zitate stammen aus dem Buch *Der Mensch vor der Frage nach dem Sinn"* von Viktor Frankl (München: Piper 1980/2017 Ebook)

Handelt es sich bei diesem »Leiden« am sinnlosen Leben um eine Krankheit? Nun, ich persönlich bin nicht der Ansicht, daß es sich da um eine Krankheit handelt, etwa um das Symptom einer Neurose. Vielmehr meine ich, daß der Mensch damit, daß er die Frage nach dem Sinn des Lebens stellt, ja mehr als das, daß er wagt, die Existenz eines solchen Sinnes sogar in Frage zu stellen, – ich meine, daß der Mensch damit nur seine Menschlichkeit manifestiert. [...] Denn es ist geistige Mündigkeit, wenn jemand es verschmäht, eine Antwort auf die Sinnfrage einfach aus den Händen der Tradition entgegenzunehmen, vielmehr darauf besteht, sich selber und selbständig auf die Suche nach Sinn zu begeben.
(S. 38)

Ölgemälde nach Foto in der Art F. W. Benson

Nun, wovon der Mensch zutiefst und zuletzt durchdrungen ist, ist weder der Wille zur Macht, noch ein Wille zur Lust, sondern ein Wille zum Sinn. Und auf Grund eben dieses seines Willens zum Sinn ist der Mensch darauf aus, Sinn zu finden und zu erfüllen, aber auch anderem menschlichen Sein in Form eines Du zu begegnen, es zu lieben. Beides, Erfüllung und Begegnung, gibt dem Menschen einen Grund zum Glück und zur Lust.
(S. 92)

Sinn muß aber nicht nur, sondern kann auch gefunden werden, und auf der Suche nach ihm leitet den Menschen das Gewissen. Mit einem Wort, das Gewissen ist ein Sinn-Organ. Es ließe sich definieren als die Fähigkeit, den einmaligen und einzigartigen Sinn, der in jeder Situation verborgen ist, aufzuspüren.
(S. 146)

Jeder Tag, jede Stunde wartet also mit einem neuen Sinn auf, und auf jeden Menschen wartet ein anderer Sinn. So gibt es einen Sinn für einen jeden, und für einen jeden gibt es einen besonderen Sinn. Aus alledem ergibt sich, daß der Sinn, um den es da geht, ebenso von Situation zu Situation wie von Person zu Person wechseln muß. Aber er ist allgegenwärtig. Es gibt keine Situation, in der das Leben aufhören würde, uns eine Sinnmöglichkeit anzubieten, und es gibt keine Person, für die das Leben nicht eine Aufgabe bereithielte. Die Möglichkeit, einen Sinn zu erfüllen, ist jeweils einmalig, und die Persönlichkeit, die sie verwirklichen kann, ist jeweils einzigartig.
(S. 148)

Im Erfüllen von Sinn verwirklicht der Mensch sich selbst. Erfüllen wir nun den Sinn von Leiden, so verwirklichen wir das Menschlichste im Menschen, wir reifen, wir wachsen, wir wachsen über uns selbst hinaus.
(S. 150)

Viktor E. Frankl: Logotherapie und Existenzanalyse als sinnorientierte Psychotherapie

Eric Pfeifer

sinn und zweifel

1. Viktor E. Frankl – Biographisches und historischer Hintergrund

… trotzdem Ja zum Leben sagen, so lautet der Titel des bekanntesten Buches, das Viktor Emil Frankl (1905 – 1997), Begründer der Logotherapie und Existenzanalyse (LTEA), verfasste. Es handelt sich hierbei um ein Werk, das sich zu einem weltweiten Bestseller entwickelte und von der *Library of Congress* in Washington als eines der zehn einflussreichsten Bücher in Amerika gelistet wird, das je verfasst wurde. Die Erstveröffentlichung erfolgte 1946, nur Monate nach Ende des Zweiten Weltkriegs – eine für die Familie Frankl in höchstem Maße tragische und schicksalhafte Zeit.

Viktor Frankl, seine erste Frau Tilly, sein Vater und seine Mutter wurden 1942 deportiert. Frankl selbst überlebte in weiterer Folge vier Konzentrationslager (1942–1945; Theresienstadt, Auschwitz, Kaufering, Türkheim). Er entging dem Tod mehrfach nur knapp. Sein Vater verstarb in Theresienstadt, seine Frau Tilly kurz nach der Befreiung aus dem KZ Bergen-Belsen an den Folgen, seine Mutter und sein Bruder wurden im KZ Auschwitz ermordet. Lediglich seine Schwester überlebte – in Australien.

Die tiefgreifenden Erlebnisse und Erfahrungen dieser Jahre beeinflussten Frankls Schaffen maßgeblich. *… trotzdem Ja zum Leben sagen* bietet eindrückliche und berührende Einblicke in diese Zeit. Der Titel des Buches ist zugleich Ausdruck der von Frankl postulierten Anthropologie.

Es handelt sich um eine zutiefst humanistische, die stets an die Freiheit des Willens, die menschliche Würde und den menschlichen Willen zum Sinn, zu einem Sinn im Leben, appelliert. Wenngleich *… trotzdem Ja zum Leben sagen* – oder *Man's Search for Meaning* im englischsprachigen Raum – Frankls bekannteste Veröffentlichung ist, bezeichnete er die *Ärztliche Seelsorge* als sein wissenschaftliches Hauptwerk. Zeit seines Lebens verfasste Frankl 39 Bücher, die bisher in 43 Sprachen erschienen sind.

Er wurde mit 29 Ehrendoktoraten ausgezeichnet und war Universitätsprofessor, Psychiater, Neurologe, Philosoph. Frankl, auch mit über 80 Jahren noch ein passionierter Bergsteiger, erwarb mit 67 den Flugschein in den USA, komponierte musikalische Werke (u. a. einen Tango: *Dass ich immer an dich denken muss*) und bezeichnete sich, auf Nachfrage diesbezüglich, gerne humorvoll als Multi- oder Universaldilettanten.

2. Freud – Adler – Frankl

Kontakte zu Freud und Adler ergaben sich für Frankl bereits in jungen Jahren. Freud war u. a. wesentlich an der Veröffentlichung einer der ersten Beiträge Frankls (*Zur mimischen Bejahung und Verneinung*; erschienen in der Internationalen Zeitschrift für Psychoanalyse, 1924) beteiligt. Anfänglich von beiden gefördert und entscheidend beeinflusst, distanzierte sich Frankl im Verlauf der Zeit zunehmend von deren Ansichten.

Seine Haltung diesen beiden Kollegen gegenüber blieb jedoch stets eine von Respekt und Anerkennung geprägte, die deren Schaffen zugleich als Grundlage für das eigene Werk anerkannte. Eine vereinfachte Differenzierung zwischen Freud'scher Psychoanalyse, Adler'scher Individualpsychologie und Frankl'scher LTEA kann anhand der nachstehend genannten Schlagwörter erfolgen: Wille zur Lust (Triebbefriedigung; Psychoanalyse Freuds), Wille zur Macht (Überwindung der Minderwertigkeitsgefühle; Individualpsycholo-

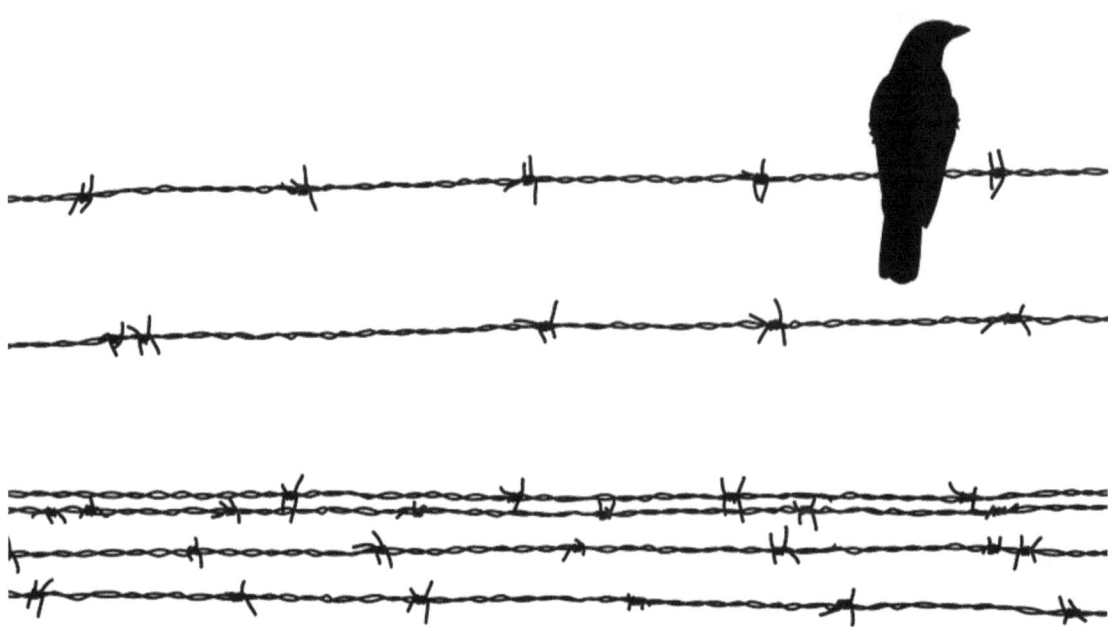

Foto: teracreonte AdobeStock_527265460

gie Adlers), Wille zum Sinn (Sinnverwirklichung im Leben, LTEA Frankls).

Frankl erhob den Sinn zur primären Motivation im Leben des Menschen. Jedem menschlichen Streben nach Lustbefriedigung oder Macht geht das Streben nach Sinn voraus.

3. Grundlagen der Logotherapie und Existenzanalyse (LTEA)

Während Frankl unter dem Terminus *Existenzanalyse* eine seinen Ansatz fundierende Anthropologie oder Philosophie verstand, ist die *Logotherapie* die darauf aufbauende praktische Anwendung, sprich: angewandte Psychotherapie. Logotherapie appelliert an den Sinnwillen des Menschen. Sie ist am Sinn orientierte und den Menschen am Sinn reorientierende Psychotherapie. Die Bezeichnung Logotherapie verweist auch auf den Begriff Logos. Logos bedeutet im Kontext der Frankl'schen Theorie sowohl Geist als auch Sinn (Frankl, 2011). Geist und geistige/noetische Dimension menschlichen Daseins sind neben Sinn grundlegende Elemente der Theorie der LTEA.

Die besondere Beachtung des menschlichen Willens zum Sinn brachte der LTEA auch den Beinamen *sinnorientierte Psychotherapie* ein. Parallel dazu findet sich die Bezeichnung *Dritte Wiener Richtung der Psychotherapie,* folgt die LTEA historisch-chronologisch doch der Psychoanalyse Freuds und der Individualpsychologie Adlers nach.

3.1 Die geistige Dimension bzw. die dimensionale Anthropologie

In der LTEA erfährt die dyadische Beziehung menschlichen Daseins zwischen Psyche/Seele und Physis/Soma eine Erweiterung um die Dimension Nous/Geist hin zu einer triadischen Struktur. Menschliche Existenz auf physische und psychische Phänomene hinabzuprojizieren, würde bedeuten, den Menschen unter dem Blickwinkel eines Reduktionismus zu sehen. Es sind dies Grundannahmen der *dimensionalen Anthropologie* oder *Dimensionalontologie* nach Frankl (2018). Ergänzend dazu:

> Soll aber die Krankheit in diesem Sinn transparent werden, so müssen wir die rein psychiatrische Ebene transzendieren; wir müssen immer damit rechnen, dass die wahre Pathologie, der Logos des Pathos, der Sinn des Leidens, nicht in derselben Dimension anzutreffen ist wie die Symptomatologie.
> Frankl, 2018, S. 58

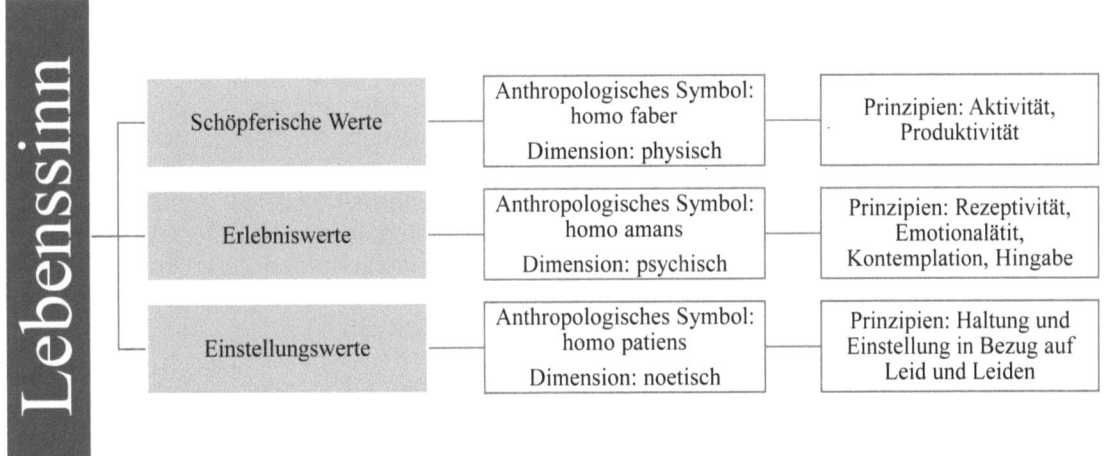

Abbildung 1: Prinzipien und anthropologische Dimensionalität der Wertetrias nach Viktor E. Frankl (eigene Darstellung, vgl. Pfeifer 2021a, 2021b)

Menschliches Dasein in seiner Gesamtheit und Vielseitigkeit anzuerkennen, bedeutet demnach, den Menschen in seiner körperlichen, seelischen und geistigen Dimension wahrzunehmen. Hierbei kommt der geistigen/noetischen Dimension besondere Bedeutung zu. Körper und Seele *hat* der Mensch, Geistiges *ist* er, so wie er eine Person nicht *hat*, sondern *ist*.

Der Geist ist Träger der menschlichen Existenz, der über das bloße Bewusstsein auch in die Ebene des Vorbewussten und des Unbewussten hineinreicht (Frankl, 2018). In der noetischen Dimension bildet sich die Einzigartigkeit und Einmaligkeit des Menschen ab – die Person, die er ist.

Im Kontext psychotherapeutischer Behandlung kann die noetische Dimension zu einem wichtigen „Verbündeten" und einer haltgebenden Ressource werden, denn das Geistige kann nicht krank sein, die geistige Person kann nicht erkranken, sie ist transmorbid und unzerstörbar (Frankl, 2011). Die noetische Dimension ist zugleich Heimat der Trotzmacht des Geistes.

Diese befähigt den Menschen dazu, sich stets und bis zu seinem letzten Atemzug zu entscheiden, wie er sich gegenüber seinem jeweiligen Schicksal, den biologischen, psychologischen und soziologischen Bedingtheiten einstellt – frei nach dem „Motto": „Muss ich mir denn von mir selbst auch alles gefallen lassen?"

3.2 Wertetrias und Sinnverwirklichung

Frankls Modell der Wertetrias oder Wertekategorien benennt drei Wege der Sinnfindung: schöpferische Werte, Erlebniswerte, Einstellungswerte (vgl. Abb. 1). Schöpferische Werte obliegen dem Prinzip der Aktivität und Produktivität. Als anthropologisches Symbol für diese Wertekategorie kann der *homo faber*, der arbeitende, tätige Mensch eingesetzt werden. Der Mensch ist hier in seiner körperlichen Dimension angefragt und verwirklicht Sinn durch Taten und Werke.

Es folgen die Erlebniswerte, deren anthropologisches Symbol der *homo amans*, der liebende Mensch, ist. Grundlegende Prinzipien sind Rezeptivität, Emotionalität, Kontemplation und Hingabe. Die psychische Dimension menschlichen Daseins ist gefragt. Der Mensch verwirklicht Sinn über die Wahrnehmung der Welt, im Erleben von Musik, Kunst und Natur, in liebender Zuneigung und Zuwendung zu einem anderen Menschen, im Empfinden von Freude oder auch über meditative Erfahrungen.

Schlussendlich kann auch jener Mensch seinem Leben noch einen Sinn abringen, der unwiderruflichem Leid und Leiden, tiefgreifendsten Schicksalsschlägen ausgesetzt ist und dem eine Sinnverwirklichung über Taten und Erleben nicht mehr gelingen mag. Gerade dann ist der Mensch in seinem wesentlichsten Sein, seinem geistigen Dasein angefragt. Einstellung und Haltung sind die grundlegenden

Prinzipien, und der *homo patiens*, der leidende Mensch, ist das zugehörige anthropologische Symbol der Einstellungswerte. Entscheidend ist, wie der Mensch dieses Schicksal auf sich nimmt, damit umgeht, sich dazu einstellt. Der Mensch kann das Leid selbst zwar nicht formen, sehr wohl aber die Art und Weise, wie er sich dazu verhält. Diesbezüglich führte Frankl den Begriff der Pathoplastik ein und kommentierte, dass das würdevolle Ertragen von Leid und Leiden auf diese Weise zu einer heroischen Leistung, einem *attitudinal heroism* werden kann.

4. Frankl und Jung – Berührungspunkte

Frankl „begegnet" C. G. Jung mehrfach – und zwar in literarischer Hinsicht. Die Haltung ist, ähnlich wie Freud und Adler gegenüber, eine von Anerkennung geprägte. Inhaltliche Berührungspunkte ergeben sich beispielsweise auf religiöser, spiritueller Ebene. So bezeichnete Frankl Jungs Ansicht, das Religiöse sei im Unbewussten zu verorten, als großes Verdienst (Frankl, 2018).

Gleichzeitig tun sich an dieser Stelle aber auch entscheidende Unterschiede in den jeweiligen Sichtweisen auf. Deutlich wird dies anhand folgender Aussage:

> Trotzdem, wir können nicht genug betonen, in striktem Gegensatz zu C. G. Jung, dass diese unbewusste Religiosität nicht dem Es zugehörig ist, sondern dem Ich; sie ist nicht psychisch, sondern geistig; sie ist nicht ‚organismisch‘, sondern personal.
> Frankl, 2018, S. 131; Übersetzung durch den Verf.

Laut Frankl ist Religiosität existenziell und somit der geistigen Dimension zuzuordnen. Religiosität könne demnach nicht Triebhaftes oder dem kollektiven Unbewussten Entspringendes sein, zumal sie zu den persönlichen, „*ch-haften Entscheidungen [gehöre] […], die zwar sehr wohl unbewusst sein können, deshalb aber noch lange nicht der es-haften Triebsphäre angehören müssen* (Frankl, 2018, S. 170).

Einen weiteren Berührungspunkt bildet die Auseinandersetzung mit dem Terminus der Kollektivschuld im Kontext des Zweiten Welt-krieges. Jungs Aussagen diesbezüglich sind bisweilen widersprüchlich und uneindeutig.

Einerseits bezeichnete er die Kollektivschuld als eine archaische, primitive, magische Unreinheit. In diesem Zusammenhang konstatierte Jung, dass es zwischen dem individuell und dem kollektiv Schuldigen zu unterscheiden gelte (Jung, 1974, GW 10, § 405).

Andererseits sprach Jung, im Glauben an ein kollektives Unbewusstes, allen Deutschen eine Kollektivschuld zu:

> Sie [Anm.: die Kollektivschuld] ist ein psychisches Phänomen, und darum ist es keine Verurteilung des deutschen Volkes, wenn man behauptet, es habe eine Kollektivschuld, sondern bloß die Feststellung eines vorgefundenen Tatbestandes.
> Jung, 1974, GW 10, § 407

Demgegenüber argumentierte Frankl, dass Schuld immer nur eine persönliche, niemals eine kollektive sein könne. Frankl attestierte dem kollektiven Unbewussten nach Jung fatalistische Grundzüge, die es abzulehnen gelte. Genauso lehnte er deshalb auch die nach dem Zweiten Weltkrieg vielerorts vertretene These der Kollektivschuld ab.

Neben Religiosität und Kollektivschuld existieren weitere Themen, die sich sowohl in den Arbeiten Jungs als auch Frankls wiederfinden. Im Falle des vorliegenden Beitrages interessiert natürlich besonders, dass Jung den Aspekt des Sinns ebenfalls aufgegriffen hat – so u. a. in Bezug auf die Entstehung von Neurosen: *Die Psychoneurose ist im letzten Verstande ein Leiden der Seele, die ihren Sinn nicht gefunden hat.* (Jung, 1992, GW 11, § 497)

5. Fazit: Sinn, Sinnkrisen und am Sinn orientierte Psychotherapie

Das Gesamtwerk von Frankl ist äußerst umfangreich und vielschichtig. So kann dieser Beitrag lediglich als sehr komprimiert gehaltener Einblick in die Grundlagen der LTEA, der sinnorientierten Psychotherapie nach Frankl verstanden werden. Der Begründer der LTEA verstarb 1997 – im Alter von 92 Jahren. Das Interesse an der von ihm entwickelten *Dritten Wiener Richtung der Psychotherapie* ist jedoch ungebrochen und erlebt aktuell einen enormen Zuwachs. Dies spiegelt sich auch in einer zunehmenden Anerkennung und Aufmerksamkeit durch Vertreter:innen der benachbarten Psychotherapieverfahren bzw.der psychologischen und medizinischen Forschung wider.

Sinn ist eines der großen Themen unserer Zeit, das verstärkt in den Fokus globaler gesellschaftlicher, gesundheitspolitischer und wirtschaftlicher Überlegungen rückt. Existenzielle Frustration, Sinnlosigkeitsgefühle und Sinnkrisen sind weit verbreitete Phänomene und Leiden – u. a. bedingt durch Überforderungen im und am Leben. Die Corona-Pandemie mag in dieser Hinsicht nur als ein möglicher – jedoch aktueller und weltumspannender – Faktor genannt werden.

Wenn Sinnkrisen, Sinnlosigkeitsgefühle und damit einhergehende Themen in den Mittelpunkt psychotherapeutischer Behandlung rücken, wenn Patient:innen mit ihrem Leben oder Schicksal hadern, am Sinn zweifeln bzw. im Ringen um Sinn verzweifeln, bietet die LTEA wertvolle Anregungen für Psychotherapeut:innen und Patient:innen.

Eine Behandlung in Form einer LTEA kann dann in besonderem Maße indiziert sein. LTEA bietet sich in diesem Zusammenhang als eigenständiges psychotherapeutisches Verfahren an. Darüber hinaus können die Theorien und Methoden (z B. Dereflexion, sokratischer Dialog, Einstellungsmodulation, paradoxe Intention) der *Dritten Wiener Richtung der Psychotherapie* aber auch komplementäre Ergänzung oder wertvolle Bereicherung einer analytischen, tiefenpsychologisch fundierten, systemischen oder verhaltenstherapeutischen Behandlung sein – um hier nur die in Deutschland als wissenschaftlich anerkannt geltenden Richtlinienverfahren zu nennen.

LTEA appelliert an den Willen zum Sinn eines Menschen, sie betont den Aufgabencharakter des Lebens und den Antwortcharakter menschlichen Daseins. Es ist das Leben, das den Menschen fragt, und der Mensch ist angehalten, zu antworten, sein Leben zu ver-antworten. LTEA kann Menschen nunmehr darin begleiten und unterstützen, die sich bietenden Aufgaben als einmalige und einzigartige Sinnmöglichkeiten zu erhellen und zu verwirklichen. So ist auch

[n]ichts […] auslöschbar von dem, was wir tun und lassen, – es kann höchstens fruchtbar gemacht werden, indem wir aus der an sich unabänderlichen Vergangenheit in der jeweiligen Gegenwart für die Zukunft lernen.
Frankl, 2011, S. 222

Literatur

Frankl, V. E. (2011). *Ärztliche Seelsorge. Grundlagen der Logotherapie und Existenzanalyse. Und Vorarbeiten zu einer sinnorientierten Psychotherapie* (GW, Bd. 4). Wien: Böhlau Verlag.

Frankl, V. E. (2018). *Psychotherapie, Psychiatrie und Religion. Über das Grenzgebiet zwischen Seelenheilkunde und Glauben* (GW, Bd. 5). Wien: Böhlau Verlag.

Jung, C. G. (1974). *Zivilisation im Übergang* (GW, Bd. 10). Olten und Freiburg im Breisgau: Walter-Verlag.

Jung, C. G. (1992). Zur *Psychologie westlicher und östlicher Religion (*GW, Bd. 11). Olten und Freiburg im Breisgau: Walter-Verlag.

Pfeifer, E. (2021a). Die geistige Dimension in der sinnorientierten Psychotherapie. *Psychotherapeutenjournal, 20*(2), 113-119.

Pfeifer, E. (2021b). Logotherapy, existential analysis, music therapy: Theory and practice of meaning-oriented music therapy. *The Arts in Psychotherapy, 72*, 101730. https://doi. org/10. 1016/j. aip. 2020. 101730.

Eric Pfeifer
Prof. Dr. habil., Professor für Ästhetik und Kommunikation – Schwerpunkt Musik als Medium an der Katholischen Hochschule Freiburg, Habilitation in Psychotherapiewissenschaft (SFU Wien), Privatpraxis für Psychotherapie, Musiktherapie und Beratung; www. eric-pfeifer.de; eric. pfeifer@kh-freiburg.de.

Carl Rogers meets C. G. Jung
Eine „Imagination" zum 120. Geburtstag von Carl Rogers

Miriam Ehret

Um es gleich vorwegzunehmen: Die beiden Herren haben sich meines Wissens nie wirklich getroffen. Aber zum 120. Jahrestag von Carl Rogers scheint es mir passend, dieses Gedankenspiel zu wagen.

Carl Rogers wurde 1902 in einem Vorort von Chicago (Illinois) in den USA geboren. Er war amerikanischer Psychologe und Psychotherapeut, und ist Begründer der *Klientenzentrierten Gesprächspsychotherapie*, die heute im deutsch-sprachigem Raum als *Personzentrierte Psychotherapie* bezeichnet wird. Im internationalem Duktus wird vom *Person Centered Approach* (pca) gesprochen. Seinem therapeutischen Vorgehen liegt eine Gesprächsführung mit den Säulen Akzeptanz, Empathie und Kongruenz zugrunde, die als bedeutender Bestandteil der humanistischen Psychologie zu sehen ist. Der personzentrierte Ansatz hat in Deutschland eine weite Verbreitung in der generellen Gesprächsführung und findet sich häufig in Beratung und Coaching wieder.

Carl Gustav Jung (der in Anlehnung an seinen Großvater seinen ursprünglich mit K geschriebenen Namen änderte und sich dadurch auch mit C schrieb) wurde 1875 in der Schweiz im Kanton Thurgau geboren, wo er auch aufwuchs. Er studierte Medizin und wurde im Krankenhaus Burghölzli ausgebildet.

Stellen wir uns nun vor, die beiden Psychotherapeuten treffen sich im Jahr 2022, vermutlich kommt der Jüngere, Rogers, aus Nordamerika zum Älteren, Jung, nach Europa; oder noch wahrscheinlicher: Sie treffen sich in Zeiten der Pandemie über ein Online-Portal, da die Einschränkungen der Fluggesellschaften wegen abgesagter Flüge groß sind und die Gefahr einer Infektion auf beiden Kontinenten allgegenwärtig ist.

Wenn wir das Gespräch historisch einbetten, könnte relevant sein, dass beide die Spanische Grippe, die 1918 bis 1920 wütete, erlebt und überlebt haben. Jung war damals Anfang 40, Rogers noch ein Jugendlicher bzw. junger Erwachsener.

Die Spanische Grippe traf vorwiegend junge Menschen im Alter von 20 bis 40 Jahren. Mir ist nicht bekannt, dass Rogers daran erkrankte, von Jung wissen wir, dass er in dieser Zeit an schwerem Fieber litt und von Fieberträumen berichtete. Es ist demnach zu vermuten, dass beide von der weltweiten und kollektiven Erkankungs- und Todeswelle durch eigene Betroffenheit sowie über Angehörige, Freunde oder Menschen aus dem Umfeld betroffen waren, die Ängste und Sorgen dieser Zeit und die eigenen erinnern.

Vorab einige Aspekte beider Ansätze in ihrer Unterschiedlichkeit, aber auch Verbundenheit:

Ein deutlicher Unterschied der beiden Ansätze besteht im Verständnis des Selbst. Bei Rogers ist es bewusst. Rogers versteht unter dem Selbstkonzept eine sich durch Erfahrungen, Wahrnehmung, Werte und Empfindungen einer Person ändernde Struktur, die er auf sich selbst bezieht. Bei Jung hingegen ist das Selbst das Bewusste des Individuums inklusive seines Unbewussten.

Das Wortpaar „Selbstaktualisierungstendenz" einerseits und „Individuation" auf der anderen Seite macht Ähnlichkeiten der beiden Psychotherapeuten in ihrem Menschenbild deutlich. Carl Rogers verstand unter der Selbstaktualisierungstendenz eine innere Energie, die dazu führt, dass jeder Mensch zur Selbstverwirklichung und Selbsterhaltung neigt und sich darin weiterentwickelt.

Die Analytische Psychologie geht in ihrem Welt- und Menschenbild davon aus, dass uns Menschen ein spontanes Bedürfnis nach Selbstentwicklung innewohnt. Im Sinne des Prinzips der Finalität zeigt sich dieses Bedürfnis oder dieser Drang in einer nach vorn gerichteten Wandlungsregung.

Das drückt sich auch aus in dem von Jung häufig zitierten Satz in Anlehnung an Nietzsche „Werde der/die du bist", der beschreibt, dass Menschen sich während ihres Individuationsprozesses so entwickeln, dass sie sich ihrem eigenen Kern nähern, ihrem Bewussten und Unbewussten.

Nun zur gedanklichen Zeitreise: Die beiden Carls sitzen sich also gegenüber oder sehen sich auf einem Bildschirm; die Begrüßung und Konversation erfolgt auf Englisch: Rogers amerikanisches Englisch im Austausch mit dem recht fließenden Englisch Jungs mit deutlichem Schweizer Akzent. Sie unterhalten sich über die Pandemie, wobei Rogers Blick darauf ausgerichtet ist, wie ein Individuum die Situation erlebt, wie es denkt und vor allem fühlt.

Welche Auswirkung hat sie auf das Leben des Menschen, welche Ängste und Symptome sind vorhanden, ganz konkret im Hier und Jetzt, dem Blick des Humanisten entsprechend? Dabei legt Rogers sicherlich Wert darauf, seinem Gegenüber mit Empathie, Kongruenz und einer bedingungslosen positiven Zuwendung zu begegnen. Das könnte gerade bei der Frage der persönlichen Entscheidung für oder gegen eine Impfung gegen das Corona-Virus schwierig sein.

Denn nehmen wir an, eine Person lässt sich aus Überzeugung nicht impfen, legt ihren Umgang damit und Argumente dafür dar. So könnte es dazu kommen, dass die oder der Behandelnde womöglich mit einer anderen Position zur Impfung in eine innere Spannung gerät zwischen der eigenen Haltung und der Abwägung, diese zu äußern, womit sie ihrer Kongruenz Ausdruck gäbe, und einer akzeptierenden Einstellung zur Person.

Nach meiner Erfahrung ist dies die größte Herausforderung in der Arbeit nach Rogers und im psychotherapeutischen Kontext allgemein: mit der Person emphatisch zu bleiben, auch wenn meine Einstellung oder Meinung eine andere ist, und mich akzeptierend zeigen mit dem Gegenüber – wenn also Empathie und Kongruenz in ein Spannungsfeld kommen. In jungianischen Worten können wir es beschreiben als: wenn polare Punkte sich gegenüberstehen können, ohne dass es zur Polarisierung kommt.

In diesem imaginierten Gespräch der beiden Kollegen liegt Jungs Schwerpunkt vermutlich auf den kollektiven Auswirkungen und der Suche nach einem Archetyp: Vielleicht wäre ihm der Archetyp der Apokalypse, der hier in Zeiten der Pandemie wirkt und zerstört, eingefallen. Aber auch das Bild des „Phoenix aus der Asche" wäre womöglich für ihn passend, das Neue, Gewandelte, das nach Zerstörung und Tod entstehen kann.

Ich arbeite seit Jahren mit den Reichtümern beider Verfahren und finde sie eine wunderbare, fruchtbare Kombination. Meine Dankbarkeit gilt beiden.

Happy birthday Carl!

Miriam Ehret
Diplom-Psychologin, Psychoonkologin, Gesprächspsychotherapeutin nach C. Rogers und Psychoanalytikerin. Seit 2014 niedergelassen in eigener Praxis. Dozentin, Supervisorin und Lehranalytikerin, seit 2021 zweite Vorsitzende des C.G. Jung-Institut Stuttgart.

Carl Rogers zur Frage nach einem sinnerfüllten Leben

Carl Rogers (1902-1987) war ein US-amerikanischer Psychologe und Psychotherapeut und einer der Begründer der Humanistischen Psychologie. Er entwickelte die nondirektive personenzentrierten Psychotherapie (Gesprächspsychotherapie). Rogers Philosophie und seine Grundprinzipien wurden auch auf viele pädagogische Anwendungsfelder übertragen. Die Entwicklung der Persönlichkeit sollte durch Empathie, positive Wertschätzung und Kongruenz (Echtheit, Natürlichkeit der Therapeut:innen) gefördert werden.
In seinem Buch: Der neue Mensch (Klett-Cotta, 1981, S. 183 ff.) skizziert er Eigenschaften, die er als Merkmale eines zukünftigen Menschen für grundlegend hält.

Ölgemälde nach Foto, Art F. W. Benson

1. Offenheit
Diese Menschen sind offen für die Welt - die innere wie die äußere. Sie sind offen für Erfahrungen, neue Betrachtungsweisen, neue Weisen zu leben und zu sein, neue Ideen und Konzepte.

2. Verlangen nach Authentizität
Ich stelle fest, dass diese Menschen Kommunikation als ein Mittel schätzen, die Dinge so darzustellen, wie sie sind.

3. Skepsis in Bezug auf Wissenschaft und Technologie
Sie haben ein tiefes Misstrauen gegenüber unserer heutigen Wissenschaft und Technologie, die dazu dienen, die Natur zu unterjochen und die Menschen unter Kontrolle zu halten.

4. Verlangen nach Ganzheit
Diese Menschen leben nicht gern in einer segmentierten Welt - aufgeteilt in Körper und Geist, Gesundheit und Krankheit, Intellekt und Gefühl, Wissenschaft und gesunden Menschenverstand, Individuum und Gruppe, normal und verrückt, Arbeit und Spiel. Sie streben vielmehr nach einem ganzheitlichen Leben, bei dem Gedanken, Gefühle, körperliche Energie, psychische Energie und heilende Kräfte im Erleben integriert sind.

5. Der Wunsch nach Nähe

Sie suchen neue Formen der Nähe, der Intimität, des gemeinsamen Zieles. Sie suchen neue Formen der Kommunikation in einer solchen Gemeinschaft, sowohl verbal als auch nonverbal, emotional wie intellektuell.

6. Prozessbewusstsein

Sie sind der Tatsache gewahr, dass die einzige Gewissheit im Leben die Veränderung ist - dass sie sich ständig in einem Prozess, ständig in Veränderung befinden.

7. Anteilnahme

Diese Menschen nehmen am anderen Anteil und sind überaus hilfsbereit, wo echte Not herrscht. Es ist eine unaufdringliche, subtile, nicht moralistische, nicht urteilende Form der Zuwendung.

8. Einstellung zur Natur

Sie empfinden eine unmittelbare Verbundenheit mit der elementaren Natur und sind bereit, sie zu schützen. Sie sind ökologisch eingestellt, und es macht ihnen Vergnügen, sich mit den Kräften der Natur zu verbünden, nicht diese zu unterwerfen.

9. Ablehnung der Institutionen

Sie haben eine Abneigung gegen überstrukturierten, unflexiblen, bürokratischen Institutionen. Sie glauben, dass Institutionen für den Menschen da sein sollten, nicht umgekehrt.

10. Die innere Autorität

Sie haben Zutrauen zu ihren eigenen Erfahrungen und empfinden ein tiefes Misstrauen gegen-über äußeren Autoritäten. Sie fällen ihre eigenen moralischen Urteile und verstoßen sogar offen gegen Gesetze, die sie für ungerecht halten.

11. Die Unwichtigkeit materieller Dinge

Sie sind zutiefst gleichgültig gegenüber materiellen Anreizen und Belohnungen. Geld und mate-rielle Statussymbole sind nicht ihr Ziel.

12. Die Sehnsucht nach dem Spirituellen

Diese Menschen von morgen sind Suchende. Sie möchten einen Sinn und ein Ziel im Leben finden, die größer sind als das Individuum.

Foto: (wikimedia)

Humor als Medizin gegen Zweifel und Hilfe bei der Sinnsuche

Barbara Wild

Stellen Sie sich vor, Sie finden in einem Psychotherapie-Lehrbuch diese Fallvignette: Kommt ein Patient zur Psychotherapeutin: Können Sie mir helfen, den Sinn des Lebens zu finden? Die Therapeutin: Klar doch. Wo haben Sie ihn denn zuletzt gesehen?

Wahrscheinlich haben Sie sehr schnell Zweifel bekommen – ist das ernsthaft gemeint oder ein Witz? Witze leben ja davon, dass sie uns erstmal dazu verführen, in eine falsche Richtung zu denken. Die Pointe stellt dann einen neuen Sinnzusammenhang her. Vielleicht haben Sie geschmunzelt und es sogar als lustvoll empfunden, an der Nase herumgeführt worden zu sein. Immanuel Kant in der *Kritik der Urteilskraft* (1977) meinte dazu:

> Das Lachen ist ein Affekt aus der plötzlichen Verwandlung einer gespannten Erwartung in nichts […]. Merkwürdig ist: daß in allen solchen Fällen der Spaß immer etwas in sich enthalten muß, welches auf einen Augenblick täuschen kann […]

Im Witz dürfen, ja müssen fast Zweifel, Täuschung und Sinnloses auftauchen. Hinzu kommt, dass Witze oft an der Grenze des moralisch Akzeptierten agieren, Tabus auch brechen und nicht immer klar ist, ob ein Lachen darüber sein darf.

Aber wie kommen die Herausgeber dieser Zeitschrift dann dazu, mich mit dem vorgegeben Titel überhaupt nach der Möglichkeit zu fragen, dass Humor gegen Zweifel und bei der Sinnsuche helfen könnte?

Natürlich sind Witze nicht mit Humor gleichzusetzen, sondern eventuell ein Zeichen, dass Humor im Spiel ist. Ich verstehe unter Humor einen persönlichkeitsbedingten kognitiv-emotionalen Stil der Verarbeitung von konkreten Situationen und der Welt im Allgemeinen. Dieser ist charakterisiert durch die Fähigkeit, auch negativen Situationen positive Seiten abzugewinnen, sich nicht aus der Ruhe bringen zu lassen, sogar darüber lächeln zu können, und durch die Fähigkeit, diese Sichtweise auch anderen mitzuteilen und sie zu erheitern.

Dabei gehören zum Humor verschiedene Anteile: Witze gerne zu erzählen oder sie zu hören oder zu lesen, ist dabei, aber auch, dass man mit Worten spielen kann (ohne das Gesagte gleich in die Form eines vollständigen Witzes zu pressen). Auch Komik, Blödsinn und Widersprüchliches zu schätzen, ist ein Zeichen von Humor. Ganz wichtig ist eine spielerische, gelassene Haltung und: sich aus dieser Haltung heraus auf Situationen einzulassen und spontan mit ihnen umzugehen. Und natürlich findet dies nicht nur mit sich alleine zu Hause statt, sondern humorvolle Menschen können andere zum Lachen bringen und möglicherweise sogar schwierige soziale Situationen durch ihren Humor regulieren (Wild, 2016).

Aber hilft diese Fähigkeit gegen Zweifel oder bei der Sinnsuche? Um humorvoll zu sein, sollten wir uns selbst ein Stück weit in Frage stellen können, aber auf eine freundliche Weise. Humor befähigt zu Improvisation und lässt Irrtümer und Fehler als nicht so schlimm erscheinen. Ich halte es für wahrscheinlich, dass sich Humor zusammen mit der Fähigkeit zum verbalen Ausdruck entwickelt hat, denn Sprache, anders als konkrete Handlungen, birgt ein hohes Risiko von Missverständnissen. Diese Missverständnisse so aufzulösen, dass man weiter gewaltfrei miteinander kommunizieren kann, dafür ist Humor sehr wirkungsvoll. Fehler und Zweifel dürfen sein, ist eine Botschaft des Humors.

Und es ist ja auch zu überlegen, ob Zweifel nicht ihren Sinn haben. Natürlich können Zweifel schmerzen und verunsichern. Aber wenn wir zweifeln und die Gegebenheiten hinterfragen, können wir auch zu neuen Einsichten kommen. Das hilft im besten Fall, Sinn zu finden. Und erfolgt das Zweifeln auf eine humorvolle Weise, also spielerisch, mit Freude an der Ambivalenz und gelassen, dann entsteht Kreativität, und es wird leichter, frische Antworten oder neue Lösungen und vielleicht sogar Sinn zu finden.

Betrachtet man die Frage nach Humor, Zweifel und Sinnsuche aus wissenschaftlich-psychologischer Sicht, finden sich allerdings wenig klare Daten.

Interessant in diesem Zusammenhang ist aber vielleicht eine aktuelle amerikanische Studie (Yam et al., 2019). Die Autoren haben sehr detailliert, mit verschiedenen Teiluntersuchungen, Zusammenhänge zwischen Humor und Moral betrachtet. Es zeigte sich, dass Teilnehmende, deren moralische Werte durch Trigger aktiviert waren, Witziges weniger schätzten. Zudem waren sie weniger fähig als Vergleichspersonen, Witze zu erzählen oder zu produzieren, die andere lustig fanden. Dies galt insbesondere für Witze, die harmlose moralische Verstöße beinhalteten. Diese Versuchspersonen mit einer starken moralischen Identität kompensierten darüber hinaus ihren Mangel an Humor nicht dadurch, dass sie mehr Witze erzählen, die keine moralischen Verstöße beinhalten.

Die genannten Untersuchungen zeigten auch, dass Mitarbeitende und Führungskräfte mit einer starken moralischen Identität, die eine ethisch betonte Führung ausüben, von ihren Kollegen und Untergebenen als weniger humorvoll wahrgenommen werden und in dem Maße, wie dies der Fall ist, am Arbeitsplatz weniger beliebt sind. Allerdings wurden Führungskräfte mit einer starken moralischen Identität nicht nur als weniger humorvoll, sondern auch als vertrauenswürdiger wahrgenommen. So zeigt sich auch hier wieder eine Ambivalenz zwischen den positiv-hedonistischen Gefühlen, die mit Humor und humorvollen Menschen verbunden sind einerseits und der gleichzeitigen Unsicherheit und Zweifelhaftigkeit des Humorvollen andererseits. Dies könnte dafür sprechen, dass Humor zumindest bei der Vermittlung von Sinninhalten eher störend ist.

Aber die Beantwortung der anfangs gestellten Frage hängt auch davon ab, welche Art von Sinn gemeint ist. Geht es dabei um etwas Allgemeingültiges, im moralisch-ethischen Sinn für immer und ewig auf großartige Weise Bestehendes? Oder vielleicht eher darum, den Sinn zu suchen, aber mit dem Scheitern der Suche leben zu können? Oder sich damit zu begnügen, Sinn für den heutigen Tag zu schaffen, und gleichzeitig zu wissen, dass der Sinn morgen wieder ein anderer sein kann und darf?

Wenn es um einen so verstandenen Sinn geht, dann kann Humor tatsächlich dabei helfen, Hürden auf dem Weg der Sinnsuche zu überwinden. Humor gibt Flexibilität und hilft uns, offen für Veränderungen zu sein. Damit wird Zweifeln weniger schmerzlich und die immer wieder notwendige Frage nach Sinn kann leichter angegangen werden.

Literatur

Kant, I. (1977). *Werke in zwölf Bänden. Band 10*. Frankfurt am Main (S. 270–277). Permalink: http://www. zeno. org/nid/20009191100.

Wild, B. (2016). Einleitung. In B. Wild (Hrsg.): *Humor in Psychiatrie und Psychotherapie. Neurobiologie, Methoden, Praxis*. Stuttgart: Schattauer (S. 1ff).

Yam, K. C., Barnes, C. M., Leavitt, K., Wie, W., Lau, J, Uhlmann, E. L. (2019). *Why so serious? A laboratory and field investigation of the link between morality and humor*. J Pers Soc Psychol 117; 758–772.

Barbara Wild
Prof. Dr. med., Fachärztin für Neurologie und Psychiatrie, Seit 2014 Chefärztin der Fliednerklinik Stuttgart.

„Mitten im Leben sind wir die Seinen" – über Alter, Vergänglichkeit und Tod

Luise Reddemann

Wenn wir uns auf unseren Atem konzentrieren, können wir Vergänglichkeit leiblich erfahren: Wir atmen ein, wir atmen aus, beides geht vorbei, genau dadurch können wir unsere Lebendigkeit erfahren. Am Leben sein heißt jedoch auch immer sich wandeln und vergehen.

Früher dachte und empfand ich, Vergänglichkeit sei etwas Schwieriges, Schmerzhaftes. Je länger ich mich damit befasse – und je älter ich werde – desto mehr entdecke ich: Natürlich gibt es viele schmerzhafte Aspekte, denn Vergänglichkeit bedeutet oft, dass etwas zu Ende geht, wir eingeschlossen. Heute ist mir mehr als früher bewusst, dass Vergänglichkeit auch den Aspekt hat, dass immer wieder Neues entstehen kann, genau dadurch, dass Raum geschaffen wird und wir uns mit begrenzter Zeit befassen kön-

Denkmal für Johann Sebastian Bach in der Nikolaikirche zu Leipzig (wikimedia)

nen, ja sollten. Vergänglichkeit hat also sowohl mit Endgültigkeit und Tod zu tun als auch mit Neubeginnen.

In unserem Körper und Geist ver-geht sehr vieles tagein tagaus, und dieses Ver-gehen macht immer auch Platz für Neues, Anderes. Vergänglichkeit erleben wir meist durch die Endlichkeit der Dinge und unseres Seins. So z. B. in Unwiederholbarkeit und Unwiederbringlichkeit, und auch in der Unumkehrbarkeit der Lebensalter und in der Tatsache, dass wir einmal Geschehenes nicht rückgängig machen können. Wir können bedauern, wir können versuchen, wieder gut zu machen, aber rückgängig machen können wir nicht! Jedoch gehört Aufbruch zu neuen Ufern auch dazu und daraus können Dankbarkeit, Freude sowie kleine und große Veränderungen entstehen.

So führt Viktor Frankl aus, dass Vergänglichkeit nicht nur ein *Stoppelfeld* ist, sondern dass sie uns auch *mit vollen Scheunen* sein lässt (Frankl, 1982, S. 95). Und es kann uns auch, solange wir am Leben sind, niemand daran hindern, wieder zu säen, zu pflanzen und wachsen zu lassen. Und im geistigen Bereich geht das bis zuletzt! Bach zum Beispiel hat als schwerkranker Mann noch bedeutende Werke hinterlassen. Viele Spätwerke von Musikern scheinen mir wie Abschiedsgeschenke an die Nachwelt.

Musik begreife ich als die Kunst, die uns am meisten mit Vergänglichkeit, mit Verschwinden und Vergehen konfrontiert. Gleichzeitig hilft Musik mir fast immer, aufzuatmen und neue Blickwinkel zu finden. Oder auch in Einklang zu kommen mit dem, was ist, auch wenn es schwer ist. Vielleicht können Sie mir folgen, wenn ich meine, dass es um die Fülle des Lebens mit allem, was dazu gehört, geht. Und da sind die Hauptkomponenten Leid *und* Freude/Lebenslust. Leben *und* Tod. Schon jeder einzelne Ton ist für Momente erfahrbar und dann vergänglich, dagegen lässt sich nichts unternehmen.

Nach dem Philosophen Odo Marquard unterliegen wir einer von ihm so bezeichneten *Vollendungsillusion*, jedoch können wir seiner Überzeugung nach im Alter höhere Theoriefähigkeit entwickeln und mehr ertragen, dass die Dinge sind, wie sie sind (Marquard, 2017, S. 207). Das Empfinden für Unvollkommenheit kann auch ein schmerzlicher Teil von Vergänglichkeit sein. Manche meiner Patient:innen erleben es als hilfreich, wenn ich sie einlade, für eine Weile bewusster den ständigen Wandel in der Natur zu beobachten.

Ich erlebe, wie Musik mir dabei hilft, mein Leben immer wieder zu akzeptieren, und wie insbesondere Bachs und andere Musik sehr viel Glück und Freude in mein Leben bringt und für dunkle Momente Trost und Zuversicht. Auch daher ist mir Musik im Kontext des Themas Tod und Vergänglichkeit besonders wichtig.

Psychologisch betrachtet konfrontieren uns Vergänglichkeit und Tod mit Ohnmacht,

Bartolomé Esteban Murillo (1617-1682):
Daniel in der Löwengrube (wikiart.org)

denn wir können das Leben sicher nicht vollständig kontrollieren.

Eine meiner Lieblingskantaten ist Bachs *Wer nur den lieben Gott lässt walten*. Wenn heute von der Akzeptanz- und Commitment-Therapie die Rede ist, so schließen diese Gedanken unmittelbar an uralte u. a. schon auf dem Alten Testament basierende Vorstellungen an: nämlich, dass es uns hilft, uns anheim zu stellen und nicht der Hybris zu verfallen, dass wir alles und jedes kontrollieren können, gewiss aber nicht den Tod. Dies gilt ebenso für andere alte Traditionen wie den Taoismus und den Buddhismus. Die großen Themen des Leidens und Sterbens haben schon vor Jahrhunderten, ja Jahrtausenden, Menschen veranlasst, mit heilsamen Bildern ihre Leiden und Ängste zu lindern, in Vielem immer noch ähnlich, wie wir es heute tun.

Schon in den Psalmen und damit auch in Kirchenliedern und Kantaten ist vieles zu finden, was uns immer noch helfen kann oder könnte, wenn man die Worte in unsere Gegenwartssprache zu übersetzen versteht. Psychotherapeut:innen könnte das vielleicht etwas bescheidener machen und darauf hinweisen, dass es viel mehr gibt als westliche Psychotherapie – die es ja gerade mal gut 120 Jahre gibt! – was Menschen hilft, mit Leidvollem umzugehen.

Das Kirchenlied *Wer nur den lieben Gott lässt walten* ist auf dem Hintergrund von extremem Leid entstanden, dem wir uns heute hierzulande nicht mehr ausgeliefert fühlen. Andererseits scheint Corona uns doch erheblich mit Schmerz und Leid zu konfrontieren, die jeden von uns jederzeit betreffen können, denen wir aber heute gedanklich eher auszuweichen geneigt sind. Und doch: Leiden gibt es, und man macht es nicht leichter, wenn man es nicht akzeptiert. Befreiung kann geschehen durch freundliches Akzeptieren von bestimmten Formen von Leiden, die man nicht in der Hand hat: Dazu gehören Krankheit, Altern, Sterben müssen, Dinge bekommen, die man nicht haben will, und Dinge nicht bekommen, die man haben will. Diese Gedanken beziehe ich insbesondere auf innere Auseinandersetzungen. Welche aber gerade nicht ausschließen, mitfühlend Bezug auf die Welt und das Leiden in der Welt zu nehmen.

Trösten und getröstet werden. Skulptur auf einem Grab. (Adobe Stock 72100265)

Geborgenheit wäre unter diesem psychologischen Gesichtspunkt das Übergeordnete. Das Lied bzw. die Kantate *Wer nur den lieben Gott lässt walten* steht im Kontext der Schrecken des 30-jährigen Krieges. Ohne Mitgefühl und Trost, die wir uns selbst geben, die uns geschenkt werden und die wir anderen zu schenken bereit sind, kommen wir kaum zu Freude und Glücksfähigkeit nach schweren seelischen Verletzungen. Wenn der Mensch etwas damit anfangen kann, sich vorzustellen, ich, die erwachsene Person, nehme meinen leidenden Teil liebevoll in den Arm, ist das eine Möglichkeit, die sich vielfach als hilfreich erwiesen hat. Also ein Akt des Mitgefühls mit sich selbst und des Sich-selbst-trösten-Könnens. Wobei es Menschen gibt, die sich mit großer Inbrunst einen anderen wünschen, der dies für sie tun möge; leider kann niemand einem anderen die Trauer ersparen über womöglich nie in zwischenmenschlichen Beziehungen ersehntes Glück. Jedoch sind neue Erfahrungen möglich, auch wenn sie nicht jederzeit angenommen werden können.

Es scheint mir wichtig, dass wir, bevor wir akzeptieren können, Mitgefühl, *Hoffnung* und Trost zulassen können, solange wir es im Leben schwer haben oder hatten. Erst dann kann die Einsicht gelingen, dass es, um zur Akzeptanz zu gelangen, nicht genügt, sich ausschließlich mit dem Schmerzhaften zu beschäftigen. So zu trösten, dass der andere Mensch sich gesehen fühlt, erfordert Feinfühligkeit und Einstimmung. Je schwerer ein Mensch verletzt ist, desto schwerer kann es fallen, sich als begleitender Mensch einzustimmen. Es gilt umso mehr das Prinzip der bedingungslosen Liebe. Wir benötigen Gewissheit, dass es Trost gibt. Das Schwierige in der Begleitung von Menschen, die viel Bekümmernis haben oder hatten, ist ja, dass wir uns davon berühren lassen und auch davon berühren lassen sollten. So ist es u. a. in der Psychotherapie Not wendend, dass Schmerz mitfühlend gewürdigt wird. Dies kann vor allem Hoffnung fördern.

Mitgefühl erkennt Leiden, erkennt es an und will handeln, um Leiden zu verringern. Dass wir als Ärzt:innen oder Psychotherapeut:innen häufig nur sehr wenig tun können, ist eine bittere Erfahrung, die kaum einem Heilkundigen und helfen Wollenden erspart bleibt. Wie damit leben? Das Unausweichlichste in unserem

Leben ist der Tod. Wir wissen jedoch, dass die Angst vor dem Tod zu großen Teilen eine Angst vor dem Leben ist und dass gerade in der Todesnähe oder bei Verlusten all das Unsichere, nie Geborgene in uns reaktiviert werden kann und wie essenziell daher liebevoller, mitfühlender Beistand sein kann. Beistand, den andere uns zu geben bereit sind, den wir uns aber selbst geben können.

Inzwischen sind wir zum Glück so weit, dass klar ist, dass die therapeutische Beziehung das vermutlich Heilsamste an der Psychotherapie ist, allerdings wohl nur dann, wenn die Therapeutin / der Therapeut die Ressourcen der Patientin / des Patienten mitberücksichtigt. Wenn wir freundlich und mitfühlend sind und Patient:innen ermutigen können, sich mit sich selbst zu befreunden, statt immer alles von außen zu erwarten und daran wieder und wieder zu scheitern, mag das zumindest für die, die zu uns kommen, ein Hoffnungsschimmer sein. Von Zärtlichkeit ist seltener die Rede, obwohl sie meines Erachtens Ängsten jeder Art viel entgegensetzen könnte. In der Psychologie und Psychotherapie habe ich kaum Äußerungen zur Zärtlichkeit gefunden, bis auf eine Arbeit von Daniel Hell; Hell denkt Achtsamkeit mit Zärtlichkeit zusammen. Zärtlichkeit wird auch mit Sanftmut zusammengesehen. Manche sehen in ihr ein Beziehungsmodell und einen Lebensstil und eine Erotik des Herzens.

Fromm spricht in der *Kunst des Liebens* ziemlich unromantisch von Fürsorge, Verantwortungsgefühl, Achtung vor dem anderen und Erkenntnis (Fromm, 1956). Er hat ein großes Bild entworfen, es zu leben ist für niemand einfach, und insofern gibt es keinen großen Unterschied zwischen Therapeut:innen und Patient:innen. Traumatisierte Patient:innen haben es oft schwerer, eben wegen ihrer Vorbelastungen. Deshalb braucht es in der Psychotherapie auch Geduld und ein tiefes Verstehen, wie es dazu kommt, dass zu lieben oft eine Sehnsucht ist für die Patientin / den Patienten, dies umzusetzen aber Zeit braucht.

Bei schwer belasteten Menschen ist vor allem Trost das, was gebraucht wird, und ohne Mitgefühl scheint Trost nicht möglich. Trost wurde von Frankl als ein wichtiges therapeutisches Element hervorgehoben, was lange in anderen Therapierichtungen, insbesondere den psychoanalytischen, verpönt war. Durch die intersubjektive bzw. relationale Sichtweise hat sich das verändert. Feinfühlige Antworten zu geben auf Erfahrungen, die unsere Vorstellungskraft übersteigen, kann schwierig sein, so dass es oft lange Zeit darum gehen muss zu vermitteln, ich bin da, ich bin mit Ihnen, und bei dem zu bleiben, was die Patientin / der Patient einbringt, also insbesondere, nur sehr behutsam zu deuten.

Wir müssten respektieren und ertragen lernen, dass Patient:nnen uns sagen, Trost sei sinnlos. Psychotherapie mit schwer verletzten Menschen kann nur tastend sein, es gehört dazu die Einsicht, dass nicht jede Wunde vollständig heilen kann, dass es nicht für alles Lösungen gibt und nicht alles gemeistert werden kann, sondern dass wir manchmal auch mit schlecht heilenden Wunden und mit Narben weiterleben können, dies vielleicht früher oder später und manchmal nie bejaht werden kann, und dass uns mehr nicht gegeben ist.

Jedoch ist uns eine Kostbarkeit gegeben: Das ist, uns zur Verfügung zu stellen, da zu sein und bereit zu sein zu trösten und Hoffnung zu nähren.

Literatur

Frankl, V. (1982). *Ärztliche Seelsorge.* Wien: Deuticke.

Fromm, E. (2003). *Die Kunst des Liebens.* Frankfurt: Fischer.

Marquard, O. (2017). Theoriefähigkeit des Alters; in Rentsch und Vollmann (Hrsg.), *Gutes Leben im Alter. Die philosophischen Grundlagen.* Stuttgart; Reclam.

Reddemann, L. (2021, 11. Auflage) Psychodynamisch Imaginative Traumatherapie - PITT. Stuttgart: Klett-cotta.

Luise Reddemann
Prof. Dr. med., Fachärztin für psychotherapeutische Medizin, Psychoanalytikerin (DPG, DGPT), Honorarprof. für Psychotraumatologie an der Universität Klagenfurt.

Christa Wolfs *Leibhaftig* und das *Rätsel unserer Existenz*

Zur Sinnsuche von der Dystopie zu den Umrissen einer schöpferischen Utopie

Alfred Messmann

Allerorts erhebt sich die Frage nach Weltanschauung, nach Sinn von Leben und Welt... Wenn wir nämlich kein Bild von der Welt als Ganzem erschaffen, so sehen wir auch uns nicht.
Jung, GW 8, § 737

Weltanschauung haben heißt: ein Bild von der Welt und sich selber erschaffen, wissen, was die Welt ist und wer ich bin.
Ebd., § 698

Es ist mir gelungen, kurz vor dem Alter, in dem, wie ich mir vorstelle, die Wirklichkeit verblasst, noch einmal etwas Wirkliches zu erleben. Etwas allerdings, was sehr unwahrscheinlich ist.
Wolf, 2009, S. 97

Die Welt, in der wir leben, verändert sich nicht bloß; sie befindet sich in einer Metamorphose. Das bisherige Theaterstück auf der Weltbühne mit dem Namen der Moderne hat ausgedient. Endzeitkrisen, durch die Moderne selbst hervorgebracht, dominieren. Die Überlebensfrage der Menschheit ist gestellt. Stets ist es die Schriftstellerin C. Wolf gewesen, die in ihrem Werk mit scharfem Blick schonungslos unsere Zeit in den Blick genommen hat.

Die entscheidende Frage ist doch, wie dick und wie haltbar die Decke der Zivilisation ist. Wie viele vernichtete, sinnlose, perspektivlose Existenzen sie tragen kann, bis sie an dieser oder jener Stelle reißt, dort, wo sie mit heißer Nadel genäht ist. Und dann? Damals war ich noch sparsamer im Umgang mit dem Wort BARBAREI, heute liegt es mir auf der Zunge. Die Nähte sind geplatzt, die unsere Zivilisation zusammenhielten, aus den Abgründen, die sich aufgetan haben, quillt das Unheil, bringt Türme zum Einsturz, lässt Bomben fallen, Menschen als Sprengkörper explodieren.
Wolf, 2011, S. 38 f.

Der ägyptische Gott Re auf seiner Sonnenbarke, mit der er jede Nacht die Unterwelt durchfahren muss. Für Jung eine wichtige symbolische Darstellung der *Nachtmeerfahrt*. Bild aus dem gleichnamigen Film von Rüdiger Sünner.

I. „Nachtmeerfahrt". C. Wolfs Auftrag an die Literatur als Reise zu einer neuen Utopie

Abgründe zeigen sich, begleitet von einem Gefühl zunehmender Beklemmung und Ängste. Ist das, was wir heute Wachstum nennen, das Markenzeichen der Moderne mit ihrem Triumphzug, in Wahrheit nicht eine karzinomatöse Wucherung? Zeichen eines Todesprojekts, Zeichen des Niedergangs?

Dass wir, wenn wir uns der Wahrheit nähern, mit einem *anthropologischen Schock* (U. Beck) zu rechnen haben, dies haben mittlerweile viele Stimmen der wissenschaftlichen wie künstlerischen Intelligenz zu Protokoll gegeben. Gibt es noch Auswege aus dieser Tragödie, Chancen auf einen Lernprozess im Sinne einer umfassenden Transformation? Halten wir die Sicht auf unsere Welt aus, wenn beispielsweise der Historiker P. Blom zur Einschätzung der Lage die Diagnose wagt, dass wir mit der Moderne *Prozesse losgetreten haben, die Jahrhunderte oder Jahrtausende andauern werden, eine Kaskade von Katastrophen biblischen Ausmaßes?* (Blom, 2022, S. 97).

Im Ringen um eine Antwort kommt das Phänomen der Sinnfrage in den Fokus. Mit ihr wird deutlich gemacht, dass ein Blick auf das Todesprojekt umfassend erst dann gelingen kann, wenn man über eine Utopie verfügt, eine Perspektive vor Augen hat, somit das Gefühl hat, dass es sich lohnt, sich der Schicksalsfrage unserer Zeit zu stellen. Wir brauchen eine Orientierung, einen Halt, verbunden mit einer tragfähigen Idee von der Zukunft des Planeten Erde und von uns selbst, einen kollektiven Traum, einen Sinn. Einen schöpferischen Neubeginn!

Hier ist die Kunst gefragt, vor allem die Literatur. Auch C. Wolf hat sich diesem Thema gewidmet. Sie als Dichterin, die der Spur von Kassandra folgend schonungslos den Finger auf die Wunde unserer Zeit gelegt hat, hat zugleich in ihrem Alterswerk, vor allem in ihrer Erzählung *Leibhaftig*, die Konturen einer neuen Utopie gezeichnet und zugleich angedeutet, wie ein Lernprozess aussieht, der um eine sinnbildende Weltanschauung ringt.

Literatur ist ja an sich utopisch: Sie schafft eine Realität aus dem Nichts, die sich als tragfähig erweisen soll – als neue Realität.
Wolf, 2012, S. 202

Angst, Alfred Kubin 1877-1959 (wikimedia)

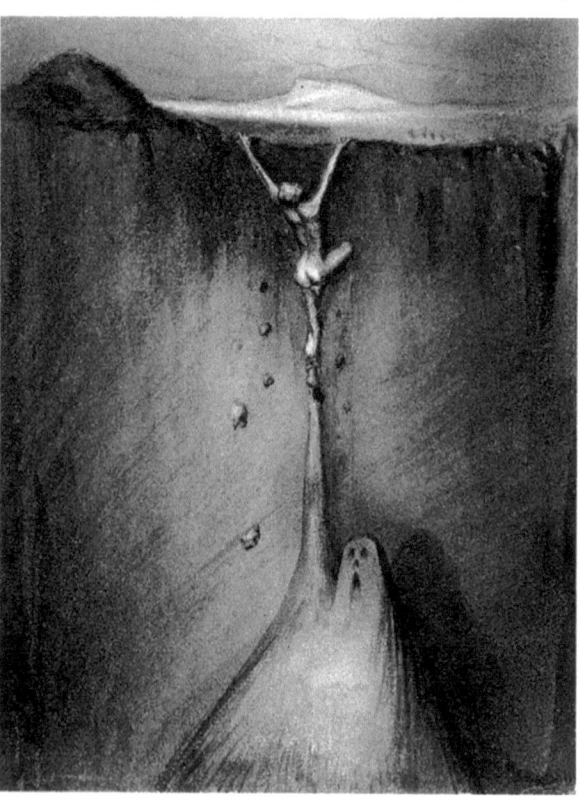

1988: Die Schriftstellerin C. Wolf ist erkrankt. Ein Blinddarmdurchbruch mit einer schweren Immunschwäche wird diagnostiziert. Eine todesnahe Krankheitssituation. Die Schriftstellerin ringt um ihr Leben, dies ein Jahr vor dem Zusammenbruch ihres Landes, der DDR. Während dieser Zeit wird C. Wolf einer „Nachtmeerfahrt" (Jung) ausgesetzt. Sie wird mit den Tiefen des individuellen und kollektiven Unbewussten konfrontiert und gewinnt Einblick in die Seelenwelt jenseits unserer Bewusstseinsdimension.

All ihre Erfahrungen, die C. Wolf während ihrer krankheitsbedingten „Nachtmeerfahrt" macht, das Leiden, die Angstzustände, die Schmerzen, das Ringen um Trost, verbunden mit dem Festhalten am letzten Zipfel Hoffnung sowie die Erfahrungen mit dem unfasslichen Geschehen in ihrem Bewusstsein hat sie fiktional verarbeitet und mit der Erzählung *Leibhaftig* als die Leidensgeschichte einer älteren Frau ohne Namen aufgeschrieben.

Ariadne und Theseus, Nicolò Bambini (1651–1736) (wikimedia)

> Als ich die Krankheit durchlebte, spürte ich, dass ich in einem Zustand war, den ich – sollte ich überhaupt überleben – niemals wieder erleben würde. Das Einmalige, das Unwiederholbare meiner Situation war mir bewusst. Es war eine Situation, die hoch gefährlich war, aber mir auch etwas Neues offenbarte.
> Wolf, 2012, S. 165

> Es war der Eintritt in die andere Welt, in die Gegenwelt.... In Krisenzeiten gehen wir durch ein Tor, durch eine Wand, durch was auch immer, verlassen für eine kurze Zeit, manchmal nur für einen Augenblick, unsere Welt, das, was uns bewusst ist ...und kommen in eine andere Welt.
> Wolf, 2012, S. 164

II. Sinnbruch als schmerzhafte Desillusionierung der Koordinaten der bisherigen Weltanschauung

Es ist eine Bilderflut, die C. Wolf ihrer Patientin zumutet, Bilder des Schreckens, der Verwüstung, der Massaker, verbunden mit einem höllischen Lärm. Hämmern hört sie, dann das Schlagen, Dröhnen, die Geräusche brutaler Gewalt. Ein Martyrium. *Das Martyrium und der Untergang der Leiber. Mein Leib mitten unter ihnen.* (Wolf, 2009, S. 21)

Ihre „Nachtmeerfahrt" bringt sie mit den Schattenseiten unserer bisherigen abendländischen Zivilisation in Kontakt, mit der Geschichte von Herrschaft, Ausbeutung, Kriegen und der Vernichtung vor allem der Zukunftsträger. Dass die Menschheit an Vernichtung gekoppelt ist, dies hatte C. Wolf bereits in ihrer Büchner-Rede von 1980 zum Ausdruck gebracht. Nun aber, jetzt im Zustand ihrer Erkrankung, im Zustand des Ringens um das eigene Leben, da erlebt C. Wolfs Patientin leibhaftig, was es heißt, der Vernichtung ausgesetzt zu sein.

Die volle Wirkung dieser Schockerlebnisse entfaltet sich jedoch erst, als sie zu der Einsicht vordringt, dass die Geschichte dieser Abgründe vor den Toren auch ihres Landes, der DDR, nicht Halt gemacht hat. Ihr Land, das sich mit den Gründerjahren den Start in eine neue humanistische Gesellschaft auf seine

Fahnen geschrieben hatte, war ein Land geworden, in dem sich die unheilvolle Geschichte des dunklen Traums fortgesetzt hatte.

Jetzt, wo sie sinnlich leibhaftig Teil des Martyriums geworden war, da spürt sie, dass ihr Weltbild und ihre Selbstsicht ins Rutschen kommen. Ein existentieller Sinnbruch passiert, für sie verbunden mit der Einsicht, dass ihre bisherige Weltsicht einer sozialistischen Utopie eine Illusion gewesen ist, eine Selbsttäuschung.

> *Es muss doch einen Sinn haben,*
> *dass alle Arten von Menschenopfern*
> *mir vorgeführt werden sollen. Oder*
> *hat es den Sinn, mich endlich, nach*
> *all den Jahren, Jahrzehnten der*
> *Selbsttäuschung, von der durchdrin-*
> *genden Sinnlosigkeit allen Ge-*
> *schehens zu überzeugen?*
> Wolf, 2009, S. 32

Francisco de Goya (1746–1828), Der Schlaf der Vernunft gebiert Ungeheuer (wikimedia)

„Vergeblichkeit", so die Quintessenz ihrer Erfahrungen, wird ihr zum Code erlebter Sinnlosigkeit. Es ist eine dystopische Weltsicht, in der sich C. Wolf gefangen sieht. Dem Vorbild von Dantes *Göttlicher Komödie* folgend, durchleidet sie eine Höllenfahrt und ringt in ihrem Purgatorium um eine Erlösung ihrer Lage. Als Symbol für diese Gefangenschaft ist ihr das Bild des Labyrinths in Anlehnung an den Mythos des Minotaurus vor Augen. Theseus, der Kämpfer gegen das Untier, hat den Faden der Ariadne zur Hand und findet sicher aus dem Labyrinth heraus. Ob auch ihr eine Verbündete zur Seite steht, um ihr den Weg sicher raus aus dem Gefängnis zeigen zu können, das ist die Frage, die sie insgeheim beschäftigt.

Immer schon hatte sich C. Wolf in ihrem Werk auf die Spuren der Aufarbeitung des Vergessenen und Verdrängten begeben, um den Schattenseiten der abendländischen Zivilisation ein Gesicht zu geben, sie ansichtig zu machen, um aus den „weißen Flecken", für C Wolf das Symbol des Ausgesonderten und Verbotenen, lernen zu können. Doch erst die Tiefenschau, die ihr den Zugang zu der anderen Welt eröffnet, bringt sie in Kontakt mit den tieferen Geheimnissen der menschlichen Seelenwelt.

> *Ich will mir merken, dass sie nicht*
> *auf der gleichen Erde leben wie ich.*
> *Dass sie mich liegen sehen, aber*
> *nicht wissen, nicht einmal ahnen*
> *können, wo ich in Wirklichkeit bin.*
> *(...) Dass ich dem Augenblick, in dem*
> *jede Maske, jede Vorstellung ab-*
> *fällt und nichts bleibt als die nackte*
> *Wahrheit, die allerdings Leiden heißt,*
> *einen Hauch von Genugtuung abge-*
> *winne: So ist das also.*
> Wolf, 2009, S. 71

III. Sehen I: „Wer durch das Tor geht, sieht!" Zur Offenlegung der eigenen Schattenwelt und das Wissen um die Lebensregie

In ihrer „Nachtmeerfahrt" wird C. Wolf in den Status einer Seherin versetzt. Die Dichterin erlebt eine fundamentale Wahrnehmungs- und Bewusstseinsveränderung. Wir erfahren, was passiert, wenn die Maske fällt und man so der Wahrheit näher rückt. Wer durch das Tor zur Gegenwelt geht, sieht!

Wir erleben C. Wolfs Patientin, die sich auf die Suche nach dem Menschenglück macht, Trost sucht, hierzu die Kunst befragt, die Poesie, Goethes Gedichte liest und in Traumreisen in die unterirdischen Labyrinthe ihrer Innenwelt zusammen mit ihrer Ärztin Kora Bachmann der Spur der Liebe ihrer Tante Lisbeth aus der Zeit des Faschismus folgt. Immer auch sind es für sie Erinnerungen an die Konfrontation mit dem Politkader DDR am Beispiel ihres ehemaligen Studienfreunds Urban, Erinnerungen an die Unterdrückungs- und Ausgrenzungspraktiken während der Zeit ihrer Karriere als Schriftstellerin, die sie anzuschauen und zu verarbeiten hat.

Es ist eine Doppelrolle, in die C. Wolf ihre Protagonistin versetzt: Als Patientin ist sie die Erkrankte, die Todgeweihte, die Hilflose und Ohnmächtige, diejenige, die um ihr Leben ringt, immer wieder das Vertrauen in ihre Ärzte suchend. Doch in der Rolle als Seherin sieht sie die Zusammenhänge aus der Perspektive der tieferen Wahrheit jenseits der Maske. Hier wird ihr die Begrenztheit ihrer eigenen Weltsicht zugänglich, die schmerzhafte Erfahrung ihrer Sinnkrise, ihr gestörtes Verhältnis zu ihrem Körper und ihrer Seele, ihre Schuld, die sie empfindet, da sie bislang ihren Körper nach Funktionszwecken ausgerichtet hatte, ihn schonungslos missbraucht hatte und ihn nicht hat sehen wollen als Signalgeber bislang unbearbeiteter Konflikte, als Verbündeten.

Hier weiß sie, dass es um die *Bloßlegung der Eingeweide* (C. Wolf) geht, um die Sichtbarmachung ihrer frühen IM-Mitgliedschaft, dass sie sich selbst auf den Weg zur Offenlegung ihrer eigenen „weißen Flecken" zu machen hat. Schmerzhaftes Tun, dem sie auch in ihrer letzten großen Arbeit, *Die Stadt der Engel*, weiter vertiefend nachgeht.

Mit F. Goya ist ihr in Erinnerung, dass die Vernunft Monster gebiert, wenn sich die Vernunft schlafen legt, wenn Zivilisationen sich auf Verdrängtes gründen, Stimmen unterdrücken, die auf die „weißen Flecken" aufmerksam machen, Wahrheiten verfälschen und somit die Kluft zwischen Ideologie und Wirklichkeit systematisch vorbereiten. Bezüge zum Teuflischen kommen ihr vor Augen in der Auseinandersetzung mit Urban, Bezüge zu einer Kraft, die die DDR-Führung zum Stillstand veranlasst und damit jede Alternative zum realen Sozialismus im Keim erstickt hat.

Sie kommt dem Bösen auf die Spur, auch bei sich selbst. „Vergiftung" als Folge, dies ist die Einsicht der Seherin, und sie weiß, dass sie, mit Dante gesprochen, das Purgatorium braucht, um auch für ihre Seele eine Chance auf Heilung sicherstellen zu können. Und ohne sich dies explizit bewusst zu machen, kommt sie mit den Universalien der menschlichen Natur in Kontakt, so wie sie seinerzeit in der Tiefenpsychologie C. G. Jungs erarbeitet worden sind: das Thema des Schattens sowie der Projektionsrücknahme, das Thema des Selbst, das Thema des Bösen sowie das Thema des weiblich Schöpferischen im Zusammenhang mit dem Phänomen der Imagination.

Als sie in die Gegenwelt einbricht, lässt C. Wolf ihre Protagonistin parallel zum inneren Geschehen die Erfahrung einer Veränderung in ihrem Bewusstsein machen: Sie, die Patientin, wird sich gewiss, dass es eine von ihr unterschiedene höhere Kraft gibt, die ihre „Nachtmeerfahrt" steuert. „

Ich beginne zu ahnen, aus welchen Quellen diese Bilder kommen, die zu sehen ich gezwungen werde, sobald der Regisseur auf meiner inneren Bühne ausgeschaltet ist.
Wolf, 2009, S. 32)

Das für uns normale Bewusstsein ist an den Regisseur unserer inneren Bühne gekoppelt, an unser Ich, unser Steuerungsorgan im Wachbewusstsein. Sehend gemacht wird man, wenn dieses Bewusstsein „ausgeschaltet" ist und die Bewusstseinsdimension der Gegenwelt angeschaltet ist. Wenn das neue Seh-Raster zur Wirkung kommt und die Welt in einem neuen Licht erscheinen lässt. Jenseits des Schleiers der Maya, jenseits des Tores. C. Wolf lässt daher auch ihre Protagonistin erleben, was sie selbst leibhaftig an sich erfahren hat, dass es im Hintergrund eine Regie gibt, eine Kraft, die über diesen Schalter verfügt und der es möglich ist, uns mit einem vollkommen neuen Sehen auszustatten.

Das ist kein Spaß, da macht jemand Ernst mit mir.
Wolf, 2009, S. 20

sinn und zweifel

Persephone bringt den Frühling. Pinax von Persephone und Hades auf dem Thron, Persephoneheiligtum von Lokroi (wikimedia)

Meinem Verständnis nach wird von C. Wolf mit dem „Jemand" die Kraft im Innenleben der Psyche bezeichnet, die C. G. Jung innerhalb seiner Psychologie als das „Selbst" verstanden hat, als das Zentrum unseres Lebens, als den zentralen Archetypus, der die Ganzheit repräsentiert und von ihm als eine dem bewussten Ich übergeordnete Größe angeben wird, und die beides, Bewusstsein und Unbewusstes, einschließt.

IV. Sehen II: „Alles Vergängliche ist nur ein Gleichnis" und die Suche nach dem „Rätsel unserer Existenz"

Wenn ich die „Nachtmeerfahrt" aus der Perspektive des „Jemand" zu lesen beginne, dann kann ich besser verstehen, warum C. Wolf zur Seherin gemacht wurde. Die „Nachtmeerfahrt" wurde ihr zugemutet, damit sie uns in aller Klarheit über die tiefere Wahrheit unseres Eingebundenseins in die Schattenwelt der abendländischen Zivilisation informiert und deutlich macht, dass Schattenarbeit eine notwendige

Voraussetzung der Zukunft ist. Zudem soll sie uns näher an das „Rätsel unserer Existenz" heranführen, um uns eine Ahnung von den Umrissen einer neuen Sinnperspektive vermitteln zu können Sinnperspektive vermitteln zu können.

In ihrer Erzählung ist es vor allem ihre Ärztin, die für sie die Verkörperung einer neuen kreativen Perspektive darstellt. Es ist eine junge selbstbewusste Frau, selbst Mutter, die sie gerne als Tochter an ihrer Seite haben würde.

Eine junge Frau, Trägerin eines neuen Frauenbilds, für C. Wolfs Protagonistin die Hoffnungsträgerin. Schon ihr Name, *Kora Bachmann* ist für C. Wolf Programm: *Kora* erinnert an den Beinamen von Persephone im Mythos der Unterwelt, die Frau des Hades, die in beiden Welten zu Hause ist und sich fluid zwischen den Bewusstseinswelten bewegen kann; und *Bachmann* verweist auf die Schriftstellerin Ingeborg Bachmann und auf den mit ihr verbundenen Hinweis, dass die Wahrheit dem Menschen zumutbar sei.

Kora Bachmann wird ihr in ihrem Purgatorium zur Trägerin ihrer Imagination, die ersehnte Verbündete mit ihren Kompetenzen der Medizin, der Mythologie und der Kunst, ihre Seelenführerin, die die Rettung ihrer Seele sicherstellt. Ihre Ariadne, die, wie im Mythos des Minotaurus, ihr den Faden hält, um sie sicher aus dem Labyrinth zu holen, dies zu dem Zeitpunkt, wo sie sich bereits an den Pforten des Hades sieht, bereit, auch den letzten Schritt ins Reich des Jenseits zu gehen.

Es ist der Archetypus des Kindes, Symbol der Reinheit, Unverfälschtheit und der Zukunft, nun sichtbar in der Gestalt ihrer imaginierten Tochter, der für C. Wolf und ihre Protagonistin hier in der Rettungsaktion zur Wirkung kommt. In der Erzählung lesen wir:

Endlich erkenne ich sie: Sie ist die Botin, welche die noch nicht toten Seelen auf ihrem Gang zum Hades abfängt, sie der Unterwelt entreißt und zurückbringt in das Reich der Lebenden.
Wolf, 2009, S. 177

Gegen die Weltsicht der „Vergeblichkeit", das Gefühl, ohnmächtig der Geschichte der Zerstörung ausgesetzt zu sein, ist mit *Kora Bachmann* als Trägerin der Zukunft eine neue Sinngeberin imaginiert. Sie ist in ihrer archetypischen Grundausstattung die Zukunftsfähige, die sich im Unbewussten bewegen kann, seelenkundig ist und nach dem Vorbild des Mythos von Persephone ihrer Mutter Demeter Fruchtbarkeit zu garantieren vermag. Sie ist die, die das Leben sichert, für den Mythos der Zukunft, daher die alles entscheidende Schlüsselfigur.

Immer wieder wird die Patientin C. Wolfs erneut mit dem Satz aus Goethes Faust II konfrontiert, den Goethe am Ende seiner Tragödie geschrieben hat: *Alles Vergängliche ist nur ein Gleichnis.* Immer wieder erneut versucht sie, dem Sinn dieser Zeilen auf die Spur zu kommen. Sie ahnt, dass Goethe mit diesen Zeilen etwas ganz Zentrales über die menschliche Existenz ausgedrückt hat, in ihrem Verständnis Zugang zum *Rätsel unserer Existenz* (Wolf, 1994, S. 135) gesucht hat.

Dass wir eine Geschichte haben, dies betrifft die Wahrnehmung in einem linearen Zeit-Raum-Kontinuum. In dieser Dimension existieren wir in der Kontinuität der Zeit. Alles ist vergänglich und altert. Nicht jedoch in der Dimension des kollektiven Unbewussten, vor allem nicht in der Tiefenschicht unserer Existenz: Hier ist etwas Gleichbleibendes, etwas stets Wiederkehrendes. Hier in der Tiefe existiert das Netzwerk des Lebens, die allseitige Verbundenheit von allem. C. Wolf sieht es:

> *Es gibt einen Bereich, oder wie ich*
> *das nennen soll, in dem die Unter-*
> *schiede zwischen Geistigem und*
> *Körperlichem schwinden, indem*
> *eines auf das andere wirkt, eines aus*
> *dem anderen hervorgeht. Eines das*
> *andere ist. Also nur Eins ist. So wäre*
> *dies der Ort des Eigentlichen.*
> Wolf, 2009, S. 95

Dies ist der potenzielle Urgrund des Seins, den C. G. Jung als *Unus Mundus* bezeichnet hat. Hier ist der Grund, aus dem Schöpferisches entsteht, für Jung auch die Quelle der Sichtung eines neuen Sinns.

> Das zunächst Unerwartete, das beängstigend Chaotische enthüllt tiefen Sinn.
> Jung, GW 9/1, § 64

Was C. Wolfs Erzählung so bedeutsam macht, das ist genau dies: Dass sie uns mit dem „Rätsel unserer Existenz" in Kontakt bringt und deutlich macht, das jenseits des Schleiers der Maya eine Welt existiert, die uns vollkommen neue Möglichkeiten eröffnet und dass es Sinn macht, sich dieser Welt zu stellen.

Zukunft ist nicht determiniert, nicht einfach eine lineare Entfaltung der Gegenwart, sondern im Prinzip stets eine echte Neuschöpfung. Eine neue Weltsicht, in der sich C. Wolf neu zu spiegeln beginnt. Diese Weltsicht, die sie bereits mit dem Blick auf die Quantenphysik 1968 entdeckt (vgl. *Lesen und Schreiben*, 1979) und in ihrem Essay zur K. v. Günderrode zur Zeit der Frühromantik vertieft (vgl. Wolf, 2008, S. 281) hatte, hat sie in ihrer Erzählung *Leibhaftig* wieder aufgenommen und in ihrem Essay *Krebs und Gesellschaft* von 1994 wiederum vor dem Hintergrund der Leistungen der Avantgarde-Moderne, der Quantenphysik, tiefergehend reflektiert.

Hier kommt, wie R. E. Jacobi im Nachtrag zum Essay *Krebs und Gesellschaft* anmerkt, die „andere Seite" im Werk von C. Wolf zum Vorschein: *Die kritische Hinterfragung der Strukturen unserer modernen industriellen Zivilisation. (...) Sowie der Frage nach dem Menschen, seinen Verfehlungen, Gefährdungen, aber auch seinen Chancen* (Jacobi in Wolf, 1994, S. 137).

V. „Sinn als Mythos vom Bewusstsein". Zur Bedeutung des sinngebenden Bewusstseins für das Überleben der Gattung

> Wie könnten wir unbeschwert leben,
> (...) wenn wir uns unserer Lage täglich,
> stündlich bewusst wären: (...) Ich habe
> den Verdacht, dass unter, hinter der „nor-
> malen" Verdrängung und Verleugnung,
> für die wir unseren blinden Fleck benut-
> zen und die wir uns, wenn wir uns Mühe
> geben, bewusst machen können, eine
> undurchdringliche Dunkelheit liegt, eine
> Botschaft, gegenüber der wir wirklich mit
> Blindheit geschlagen sind.
> Wolf, 2012, S. 94

C. Wolf blieb skeptisch, zeitlebens. Zu Recht, wenn man sich die Dynamik anschaut, die das derzeitige Weltgeschehen kennzeichnet. Ein Zivilisationsbruch ist jederzeit möglich. Und doch hat sie uns mit *Leibhaftig* eine Idee von einer potenziellen Zukunft vermittelt. Noch ist eine Vielzahl von Menschen mit ihren Sinngebungen an die Hyperkonsumgesellschaft gebunden, an die Religion des Kapitalismus. Aber auch diese Form der Sinnbildung beginnt zu brechen. Die Erosion der bisherigen Ordnungswelt hat begonnen und spült angstbesetzte Themen aus dem Unbewussten an die Oberfläche.

Neue Bewegungen mit Sinnangeboten erheben ihre Fahnen. Apokalyptische Varianten melden sich, dystopisch geladen, ebenso Bewegungen, die mit einer „retrograden Utopie" ihre Sehnsucht nach der Vergangenheit beschwören. Ganz anders dagegen artikuliert sich im Zusammenhang mit der digitalen Vernetzung der Welt die Stimme des Transhumanismus als Philosophie der technologischen Variante einer Transformation unserer Welt, die im Zusammenhang mit KI und der Molekularbiologie am Menschenbild der Zukunft bastelt und mit seiner religiös untermauerten Erzählung ein Erlösungsangebot als Sinnangebot unterbreitet. Innerhalb der Transformation des derzeitigen Weltgeschehens ist der Kampf um die Deutungshoheit der Wirklichkeit und damit der Kampf um die neue Sinnbildung entbrannt. Dazu schreibt P. Blom: *Die Zeichen stehen auf Sturm, und der Kampf um die Zukunft wird auch ein Kampf der Geschichten sein, vor aller Augen, auf der Bühne des Welttheaters* (Blom, 2020, Umschlag).

Ist es denn wirklich der Sinn der Welt, dass sie uns unser eigenes Wesen enthüllt? Natürlich nicht. Die Welt hat keinen Sinn. Ihr einen zu geben (Wolf, 1979, S. 36), darin liegt unsere Aufgabe, die mit unserer menschlichen Natur verbunden ist. Wir müssen Sinn bilden! Dies verweist auf den zentralen Mechanismus im Lichte des Wissens um die Selbstorganisation unseres Lebens, auf eine evolutionäre Notwendigkeit hin, die in unserer menschlichen Natur eingraviert ist. Alle derzeit auf der Weltbühne ringenden Varianten in der Neuformulierung eines zeitgemäßen Narrativs folgen diesem Gesetz.

Hier passiert, was C. G. Jung mit Bezug auf das Gesetz der Sinnbildung ganz allgemein als Kurzformel formuliert hat: *Wissen über sich selbst, über die Welt, über das Ewige. Das verleiht dem Leben Sinn* (Jaffé & Fischli, 2021, S. 212).

Geht es um den Aufbau einer sinnstiftenden Weltanschauung, dann geht es um den *Sinn als Mythos vom Bewusstsein* (Jaffé, 2019, S. 153), so wie ihn A. Jaffé in der Fortsetzung der Gedanken von Jung weiter erforscht hat. Bleibt im Wissen um diese Notwendigkeit der Sinnbildung die Frage, ob denn die genannten Sinnbildungsmodelle angesichts der Todesgefahr, die mit dem Ausklang der Moderne im Zeitalter des Anthropozäns historisch verbunden ist, überhaupt noch als sinnvoll angemessene Varianten bezeichnet werden können.

Vor allem die Variante der Sinnbildung, die sich in den Traditionen der Tiefenpsychologie, der Quantenphysik und nunmehr auch in der Kunst C. Wolfs verankert sieht und die für sich das „Rätsel unserer Existenz" ins Zentrum ihrer Aufmerksamkeit rückt, daher ihren Forschergeist auf die Entdeckung einer schöpferischen Utopie hinwendet, macht deutlich, dass es angesichts der Lage unserer Zeit sinnvoller wäre, den Paradigmenwechsel unserer Zeit ganz anders in den Blick zu nehmen.

Es gehe um die Überlebensfrage der Gattung! Um eine der kopernikanischen Wende vergleichbare Weltbildveränderung, so P. Blom (vgl. 2021, S. 97), die die noch vorherrschende kulturelle Logik von Beherrschung, Usurpation und Ausbeutung zugunsten einer Einstellung verändert, die sich um die Wiedergewinnung der Allianz mit der Natur bemüht, dies in der Haltung von Demut, Kooperation und der Liebe zum Leben.

Das Ringen um die Neuausrichtung des Sinns auf der Weltbühne, schreibt C. Wolf, erscheint uns als *unser freier Entschluss. Jedenfalls können wir uns einbilden, dieser Entschluss stünde uns frei, bis wir begreifen, dass anscheinend unser Überleben als Gattung an ihn geknüpft ist* (Wolf, 1979, S. 36).

Der Mensch ist unerlässlich zur Vollendung der Schöpfung.
Jung, 1979, S. 259

Literatur

Blom, P. (2020). Das Große Welttheater. Von der Macht der Vorstellungskraft in Zeiten des Umbruchs. Wien.

Blom, P. (2021). Tod im Kirschgarten. Auf der Suche nach dem überfälligen Narrativ. In: Lettre International, 135, S. 97-103. Berlin. Winter.

Jaffé, A. (2019). Der Mythos vom Sinn im Werk von C. G. Jung. Einsiedeln.

Jaffé, A. & Fischli, L. (2021). Streiflichter zu Leben und Denken C. G. Jungs. Einsiedeln.

Jung, C. G. (1979). C. G. Jung. Erinnerungen, Träume, Gedanken. Olten: Walter.

Jung, C. G. (1995). Analytische Psychologie und Weltanschauung. GW 8. Düsseldorf: Walter.

Jung, C. G. (1995). Über den Archetypus des kollektiven Unbewussten. GW 9/1. Düsseldorf: Walter

Wolf, C. (1979). Lesen und Schreiben. In: C. Wolf. Fortgesetzter Versuch. Aufsätze, Gespräche, Essays. Leipzig.

Wolf, C. (1994). Krebs und Gesellschaft. In: C. Wolf. Auf dem Weg nach Tabou. Köln

Wolf, C. & Wolf, G. (2008). Ins Ungebundene gehet eine Sehnsucht. Frankfurt/Main.

Wolf, C. (2009). Leibhaftig. Frankfurt/Main.

Wolf, C. (2011). Stadt der Engel. Berlin.

Wolf, C. (2012). Bücher helfen uns auch nicht weiter. In: C. Wolf. Rede, dass ich dich sehe. Berlin.

sinn und zweifel

Alfred Messmann

Dr. phil., ehemals Dozent an der Hochschule der Künste Berlin. Forschungs-, Lehr- und Autorentätigkeit auf dem Gebiet der Psychologie des „kreativ Schöpferischen" in der Geschichte der Moderne. Eigene umfassende Tiefenerfahrungen der „Nachtmeerfahrt" nach C. G. Jung. Seit 1995 tätig als selbstständiger Coach, Prozessmoderator und psychologischer Begleiter für Tiefenprozesse.

Tatjana Schnell
zur Frage nach einem sinnerfüllten Leben

Prof. Dr. Tatjana Schnell befasst sich mit empirischer Sinnforschung. Sie geht der Frage nach, wie Menschen ihrem Leben Sinn geben, wovon Sinnempfindung abhängt und welche Konsequenzen damit verbunden sind. In ihrem Buch *Psychologie des Lebenssinns* (Springer 2020, S. 10) fasst sie vier wesentliche Elemente der Sinnerfüllung zusammen:

Kohärenz

steht für die Wahrnehmung von Stimmigkeit, Schlüssigkeit und Passung in verschiedensten Lebensbereichen. Sie beruht auf der Erfahrung, dass sich Wahrnehmungen, Handlungen und Ziele nicht widersprechen, sondern nachvollziehbar sind, sich (idealerweise) ergänzen und aufeinander aufbauen. Ein kohärentes Selbst- und Weltbild gilt als zentrales Element der Erfahrung von Lebenssinn.

Bedeutsamkeit

weist auf die wahrgenommene Wirksamkeit eigenen Handelns, die erlebte Resonanz. Dabei geht es nicht um Reputation oder Anerkennung, sondern um die Erfahrung, dass alltägliches Handeln (oder Nicht-Handeln) Konsequenzen hat, Dinge bewegt oder Menhen berührt. Bleiben Effekte von Entscheidungen oder Handlungen aus, kommt es zum Erleben von Irrelevanz, Bedeutungslosigkeit und somit Sinnlosigkeit.

Orientierung

meint eine inhaltliche Ausrichtung des eigenen Lebenswegs, die auch in unübersichtlichen Situationen bestehen bleibt. Eine solche Ausrichtung kann – im Sinne der Funktion eines Kompasses – das Treffen von Entscheidungen sowie das Finden und konsequente Verfolgen geeigneter Ziele unterstützen. Gleichzeitig erleichtert sie die Ablehnung von Möglichkeiten, die der Person nicht entsprechen.

Zugehörigkeit

steht für die Wahrnehmung, einen Platz auf dieser Welt zu haben, sich als Teil eines größeren Ganzen wahrzunehmen. Dabei geht es weniger um eine soziale, denn um eine existenzielle Erfahrung. Sie kann als Antwort auf die Grundsituation der existenziellen Isolation verstanden werden. Existenzielle Isolation wird durch die Erkenntnis hervorgerufen, dass ich allein für mein Leben verantwortlich, die alleinige Autorin meines Lebens bin. Sie steht dafür, sich dennoch einzulassen, Verantwortung zu übernehmen (sei es für Familie, Freunde, Kollegen, Religion, Nation, Natur oder Menschheit) – und somit den eigenen Platz zu finden.

Tatjana Schnell ist Persönlichkeits- und Differentielle Psychologin, Universitätsprofessorin, MF Norwegian School of Theology, Religion and Society, Oslo und Assoziierte Professorin, Universität Innsbruck,

Elia zwischen Hochgefühl und Depression in Paulo Coelhos Roman *Der fünfte Berg*

Irene Berkenbusch-Erbe

Jeder Mensch hat das Recht, an seiner Aufgabe zu zweifeln und sie hin und wieder aufzugeben; was er allerdings nicht tun darf, ist, sie zu vergessen.
P. Coelho, Der fünfte Berg, S. 53

1. Vorbemerkung

Das Thema „Sinn und Zweifel" schien mir zunächst viele Möglichkeiten der Bearbeitung zu enthalten, ein existentiell allgemein wichtiges Thema, das zahlreiche Assoziationen in mir auslöste. Bei der Suche nach Darstellungen in der Literatur wurde es schon schwieriger. Gestalten wie Parzival, der ungläubige Thomas in der Bibel, Goethes Faust, Tolstois Iwan Iljitsch oder die um den Sinn ihrer Existenz kämpfende Dorfgemeinschaft in Juli Zehs *Unterleuten* und viele andere mehr hätten das Thema veranschaulichen können. Schließlich fiel mir der Roman *Der fünfte Berg* von Paulo Coelho in die Hände, erschienen in der Übersetzung aus dem Brasilianischen im Jahr 1998, der das Schicksal des Tischlers und Propheten Elia aus dem ersten Buch der Könige, Kap. 17-19 in der hebräischen Bibel als zeitloses Beispiel für einen Menschen in der Zerreißprobe zwischen Erfahrungen von Sinn und tiefem Selbstzweifel darstellt und somit auch für die heutige Zeit bedeutsam erscheint.

2. Zum Inhalt

Motto: Versuch der Sinnfindung im Absolutheitsanspruch der eigenen Wahrheit.

Der Roman zerfällt in zwei Teile, wobei der erste Teil sich weitgehend an die Erzählung in der Bibel anlehnt, weshalb hier beide Texte zunächst in weitgehender Übereinstimmung behandelt werden; die Handlung des zweiten Teils dagegen, mit Ausnahme des Gottesurteils auf dem Karmel, hier am Schluss, frei erfunden ist.

Der Prophet Elia, aus Tischbe im Ostjordanland stammend, das zum Nordteil Israels gehörte, ist der Handlungsträger des Romans, der dessen Persönlichkeit nach dem biblischen Vorbild treffend nachzeichnet, wobei Zweifel, Verzweiflung, Abwendung von Gott und seinem Auftrag und dabei immer wieder seinen eigenen Weg zu finden, wesentlich intensiver herausgearbeitet werden, als es sich im biblischen Text darstellt.

Beide Textversionen beziehen sich auf die im Nordreich Israels, dem heutigen Libanon, im 9. Jahrhundert v. Chr. spielende Vorgeschichte, dass der König Ahab Isebel, eine Anhängerin des Baalskults geheiratet und ihr zuliebe die Verehrung Baals übernommen hatte. Daher ließ er in Samaria Tempel für Baal und Aschera errichten. *Er tat, was dem Herrn missfiel*, heißt es im Könige-Text, und Elia erhält den Auftrag, König Ahab eine Dürre für

Raben versorgen Elia, Ikone, Nowgorod, 14. Jhd. (www. bibelwissenschaft.de

der beiden, die sich gegenseitig und ihren jeweiligen Göttern (Baal und Jahwe) die Schuld an der anhaltenden Dürre vorwerfen. Es folgt die Machtprobe oder das Gottesurteil auf dem Berg Karmel, wohin Elia durch Ahab das Volk, die 450 Baalspropheten und die 400 Propheten der Aschera versammeln lässt.

Hier soll sich der wahre Gott erweisen, indem jeweils ein Stier von den Vertretretern jeder Glaubensrichtung „zerschnitten" auf Holz gelegt und das Feuer vom Gott der jeweiligen Propheten entfacht werden soll. Elia schüttet sogar extra noch Wasser über den Holzstoß, als er an der Reihe ist. Für die Baalspropheten scheitert das Experiment, während sich Jahwe als der wahre Gott erweist, der sogar das mit Wasser überschüttete Holz zum Brennen bringt. Elia fordert das Volk, das einerseits Jahwe als persönlichen Schutzgott, andererseits aber auch Baal und Aschera als kanaanäische Fruchtbarkeitsgottheiten verehrt, auf, sich zwischen ihnen zu entscheiden mit der Frage: *Wie lange noch schwankt ihr nach zwei Seiten?* Dem Volk, das darauf nicht antwortet, beweist Elia aber, wer der mächtigere und wahre Gott ist. Das tut er mit Feuer vom Himmel und mit einer großen Abschlachterei der 450 Baalspriester, möglicherweise auch noch der 400 Aschera-Priester. Daraufhin setzt der Regen wieder ein, die Dürre ist beendet.

Elia muss nach dieser Machtprobe, in der er Jahwe als unerbittlichen Entweder-Oder-Gott hingestellt hat, aus Israel in den Süden fliehen, da die Königin Isebel ihn aus Rache hinrichten lassen will. Er flieht in die Wüste, südlich von Beerscheba, um sein Leben zu retten. Von seinen Leuten fühlt er sich verlassen, er kommt sich wie der einzig übrig gebliebene Gerechte vor.

Hier deutet sich seine Depression an, in die er verfällt, indem er, unter dem Wacholderstrauch sitzend, sich den Tod wünscht. Er ist in eine elementare Lebenkrise geraten, weil ihm über das, was er getan hat, Zweifel kommen. Er war so von seinem Wahrheitsanspruch überzeugt, dass er ein Massaker veranstaltet hat. Er kannte nur das Entweder-Oder zwischen Jahwe und den alten Fruchtbarkeitsgöttern, dabei sollten auch diese noch von den sesshaft gewordenen Israeliten weiterhin verehrt werden. Wäre hier nicht eine gewisse Toleranz angebracht gewesen?

das ganze Land anzukündigen. Das war eine Kampfansage an den Baalskult, da Baal als Herrscher über Fruchtbarkeit und Regen galt. Isebel veranlasste daraufhin die Tötung aller Propheten des einen Gottes Jahwe. Elia, der nur knapp dem Tod entkommt, wird von Gott an den Bach Krith geschickt, um dort in Sicherheit zu sein und von Raben mit Fleisch und Brot versorgt zu werden. Nachdem der Bach aber aufgrund der Dürre vertrocknet ist, erhält Elia von Gott den Befehl, nach Zarpat (im heutigen Libanon) zu gehen, wo er von einer Witwe versorgt werden soll. Wundersamerweise wird ihr Vorrat an Öl und Mehl immer wieder aufgestockt. Während dieser Zeit stirbt ihr Sohn, an dem Elia ein Wunder tut, indem er ihn wieder zum Leben erweckt.

2.1 Eskalation des Konflikts

Das Gebot Gottes an Elia, sich Ahab zu zeigen, führt zu einer folgenschweren Begegnung

Ingrid Riedel stellt hier die Frage, ob Elia den Willen seines Gottes bei dieser Menschenschlächterei richtig verstanden hat:

> Ob wir Menschen je den Willen Gottes richtig verstanden haben, wenn wir in seinem Namen Andersgläubige verfolgen, ja töten ließen? Auch heute droht Radikalität im Namen der Religion in vielen Bereichen der Welt.
> Riedel, Vortrag 2012

Religion mit Gewalt zu verknüpfen macht sie unmenschlich. Dabei sah Elia darin den Sinn seines Lebens und seines Auftrags, radikal gegen die falschen Götter und deren Vertreter vorzugehen. Er fühlte sich im Recht und von der Absolutheit seines Glaubens überzeugt. Dass ihm Zweifel kommen, zeichnet ihn aus; in der Wüste, Symbol für das Gebiet fern von Menschen und Zivilisation, ist er mit sich selbst konfrontiert. Auch in ihm selbst befindet sich Wüste, er gerät in Verzweiflung. Einem hohen Leistungsanspruch meint er nicht gerecht geworden zu sein, Selbstzweifel erfüllen ihn, das Gefühl, versagt zu haben, *ich bin nicht besser als meine Väter*, er will sterben. Er war in eine Alles-oder-Nichts-Einstellung geraten. Dahinter stand wohl ebenfalls sein strenges, unerbittliches Gottesbild, das er verabsolutiert hatte. Das alles hat nicht funktioniert, dann will er jetzt gar nichts mehr, *nun ist es genug*, sagt er zu Gott. Sein bisheriges radikales, perfektionistisches Leben erscheint ihm

nun sinnlos. Hinzu kommt der Zweifel an seinem Lebenskonzept, sich an das Vorbild der Väter anzupassen und eventuell auch, sich als Prophet Gottes zu fühlen. Hat das überhaupt gestimmt? Das Sinnlosigkeitsgefühl hat sicher auch damit zu tun, dass Elia seine Aufgabe überbewertet hat. Jetzt muss er zu seinem eigenen Selbst finden. Elia ist hier sicher ein zeitloses Beispiel, auch für uns.

> Wenn wir uns nicht mehr durchsetzen können, wenn wir versagen in etwas, das uns sehr wichtig ist, dann trifft es nicht nur die betreffende Angelegenheit, die betreffende Sache, sondern uns selbst, unser Selbstbild, unseren Selbstwert
> Riedel, Vortrag 2012

2.2 Vom Zweifel zu einem neuen Lebenssinn

Elia hatte seinen inneren Auftraggeber „ausgetauscht" mit einem inneren leistungsorientierten, lebensfeindlichen Antreiber. Nun waren ihm Zweifel gekommen. Aufschlussreich ist in diesem Zusammenhang die Etymologie des Begriffs „Zweifel". Ahd. *zwîval*, mhd. *zwî-vel* mit der Bedeutung *Zweifach sein, Hin- und Her-Schwanken, gespalten sein* (Kluge, 1963, S. 897). Beim Zweifler geschieht so etwas wie eine Ich-Spaltung, es meldet sich somit eine zweite innere Stimme, die das, was bisher getan oder geglaubt wurde, infrage stellt. Somit kann der Zweifel sogar sehr wichtig sein, wie hier bei Elia.

Ein Engel, ein Bote, führt ihn daraufhin zurück zu seinem wahren Auftraggeber, zu Gott, und damit zu seinem wahren Selbst. Sterben ist nicht angesagt. *Steh' auf und iss. Du hast noch einen weiten Weg vor dir*, lautet die Botschaft des Engels, die Elia annimmt, die ihn innerlich und äußerlich wieder auf die Füße stellt. Sich aufrichten und essen, um zu leben, um aktiv zu sein, um unser Leben ausfüllen zu können, „wieder auf die Beine kommen" ist immer wieder eine wichtige Botschaft, auch für uns.

Elia hat einen Perspektivwechsel vorgenommen weg von der Vergangenheit, gegen seine Depression, um ein neues Ziel ins Auge zu

Probe auf dem Karmel – Das Feuer JHWHs gegen die Baalspropheten (Hans Holbein der Jüngere, 1497–1543) (wikimedia)

sinn und zweifel

Unbekannter Maler, *Der Engel weckt Elias in der Wüste*, Haarlem, 17. Jahrhundert (wikimedia)

fassen, auch wenn es ihn noch einmal emotional packt am Berg Horeb (ein anderer Name für den Sinai), zu dem er sich auf Geheiß begeben hat. Das Ziel, der Horeb, wird für ihn der Ort der Gottesbegegnung. Berge sind auch in anderen Kulturen Orte der Gottesgegenwart. Bevor Elia aber zur Konfrontation mit Gott und der Erfahrung einer neuen Aufgabe bereit ist, zieht er sich in eine Höhle zurück; es packen ihn nun auch Zweifel an Gott und das Gefühl, in seiner Prophetenaufgabe von ihm verlassen worden zu sein.

Die Höhle ist ein Rückzugsort, sie bietet Schutz und Geborgenheit und erinnert an den Mutterleib, das Mütterliche, wohin sich Elia zurückzieht. Regression ist manchmal notwendig, um zu sich selbst zu kommen. Aber auch hier hört er wieder die Stimme, die ihn aus der Höhle herausruft: „Komm' heraus und stell' dich auf den Berg vor den Herrn." Es ist wieder der Aufruf, Mut zu fassen und sich aufzustellen für eine neue Begegnung mit Gott und mit sich selbst. Seinem Gottesbild gemäß rechnet Elia

mit einem donnernden, mächtigen, ja autoritären Gott. Er erfährt ihn aber *in einem sanften, leisen Säuseln.* Gott erweist sich als sanft, beinahe vorsichtig, zart, einfühlsam.

Bei Buber-Rosenzweig heißt es, *mit einer Stimme verschwebenden Schweigens* rührt er Elia an, und dieser ist zum Glück berührbar und kann sein bisheriges Gottesbild loslassen. *Was willst du hier?*, wird er von Gott gefragt. Der eigene Wille des Menschen wird von Gott respektiert, ja geradezu gefordert. Der Mensch muss wissen, was er will, er soll zu sich stehen.

Elia erhält einen neuen Auftrag, den weiten Weg durch die Wüste zurück nach Damaskus zu gehen und dort zwei Männer zu Königen zu salben und einen zu Elias späterem Nachfolger. Die frühere Mutlosigkeit und der Zweifel am Sinn seines Daseins sind der Perspektive eines neuen Ziels und der Bestärkung seiner Identität als Prophet gewichen. Als Wendepunkt bei Elia erweist sich immer wieder die Bereitschaft, seinen Weg und zu sich selbst zu finden.

3. Veränderungen bei Paulo Coelho *Der Fünfte Berg*

3.1 Motto: Selbstbehauptung als Fremder unter Fremden und trotz Erfahrungen des Scheiterns

Elia befindet sich im Exil im Nordreich, vor der Heidenprinzessin Isebel geflüchtet, im phönizischen Gebiet und ist bei der bereits bekannten Witwe untergekommen, zusammen mit ihrem Sohn, die beide ebenfalls der Baalsreligion anhängen, in dem Ort Zarpat, der hier Akbar heißt. An dieser Stelle setzt der vom Bibeltext abweichende zweite Teil des Roman von Coelho ein.

Auch wenn eine Frau, die Witwe, Elia Asyl gewährt, wird er doch von der Gemeinschaft als Fremder mit einem fremden Glauben ausgeschlossen und für alles Unheil, das über die Stadt hereinbricht, zum Sündenbock gemacht. Erst als Elia das Wunder der Wiederauferweckung des plötzlich gestorbenen Sohnes der Witwe gelingt, wobei er den fünften Berg, der so heißt, weil alle anderen vier Berge bereits mit Götternamen belegt sind, bestiegen hatte und entgegen aller Erwartung nicht durch das Feuer der dortigen phönizischen Götter umgekommen ist, wird er akzeptiert.

Für Elia aber war es ein Kampf mit seinem Gott, von dem er sich zunächst im Stich gelassen fühlt und zum ersten Mal in tiefe Zweifel seines prophetischen Auftrags gerät. Für die Witwe aber, zwischen der und Elia eine Liebesbeziehung beginnt, ist es ein erstes Zeichen der Existenz des israelitischen Gottes ebenso wie für viele Bürger von Akbar.

3.2 Elias Rolle im Krieg und seine ständigen Zweifel

Die Akzeptanz Elias währt nicht lange, denn als assyrische Truppen vor den Toren der Stadt stehen, wird ihm erneut die Schuld an dem der Stadt drohenden Unglück gegeben, man erwägt sogar, ihn zu töten. Die auch uns bekannte Wechselstimmung der Menschen in unsicheren Zeiten. Andererseits könnte Elia als Garant des Friedens benutzt werden, weil er den Göttern des fünften Berges getrotzt hat, möglicherweise von ihnen sogar Hinweise erhalten könnte in Bezug auf den assyrischen Angriff. Weil sie mit dem Segen ihrer Götter und aus zweckrationalen Gründen an einen

Sieg glauben, sind die Priester der Stadt für den Krieg, für den sie inzwischen das ganze Volk beeinflusst und hinter sich gebracht haben. Damit sinkt Elias Bedeutung wiederum; er soll erneut als Pfand für den Sieg getötet werden und zweifelt wiederum an seinem Prophetenauftrag: *Wäre ich doch der einfache Tischler geblieben, der ich von Hause aus war, da hätte ich mehr deinem Werk dienen können*, so beklagt er sich bei Gott. (S. 108).

Aber er muss erfahren, dass er seinen besonderen Auftrag nicht los wird, im Gegenteil, der Stadthauptmann, der zu Elia hält, bittet ihn mit dem bekannten Gottesurteil ein Wunder zu tun, um den Krieg abzuwenden.

Wenn ihr tut, um was ich Euch bitte, wird die Religion des Einzigen Gottes in Akbar Staatsreligion. Ihr werdet dem, dem Ihr dient, gefallen, und ich werde die Bedingungen für einen Frieden aushandeln können. (S. 116)

Eine schmeichelhafte und für Elia auch lebensrettende, verführerische Aussicht. Durch den Engel oder seine innere Stimme wird ihm aber bewusst, dass er die Prüfung durch das Gottesurteil für später in Israel aufheben muss, um dort die Seinen vor der Bedrohung durch Isebel zu befreien. Trotzdem gerät er auch darüber wieder in Zweifel, bis der Engel ihm klar macht, dass der Mensch wählen muss.

Seine Stärke ist seine Fähigkeit, Entscheidungen zu treffen. [...] Den eigenen Weg zu finden ist noch schwieriger. Aber wer nicht wählt, stirbt in den Augen des Herrn, auch wenn er äußerlich weiterlebt. (S. 129)

3.3 Zerstörung durch den Krieg. Verlust von Glauben und Perspektive. Sinnerfahrung durch gemeinsamen Wiederaufbau der Stadt

Das Unabwendbare geschieht, es gibt Krieg, und die Assyrer machen Akbar dem Erdboden gleich, es bleibt kein Stein auf dem anderen, wobei auch die Witwe umkommt. Angesichts der zerstörten Stadt und des Verlusts seiner Liebe verliert Elia seinen Glauben an Gott. *Er wurde ein Mann ohne Glauben an Gott und voller Zweifel* (S. 180). Modern gesprochen entsteht auch für uns immer wieder die Frage angesichts eines sinnlosen Krieges und seiner Zerstörung, wie Gott so etwas zulassen kann. Elia aber, dem immer noch ungewiss ist, was wirklich seine Bestimmung ist, kämpft ums Überleben, für sich, letztlich doch auch für seinen Glauben, für die Stadt Akbar, die er zusammen mit den Bewohnern und dem Sohn der Witwe, der am Leben geblieben war, wieder aufbauen will.

Nicht nur für Elia, sondern für die zentrale Aussage des Romans von Coelho wird als Schlüsselstelle die Geschichte vom Kampf Jakobs mit dem Engel in Genesis 32, 25-32. Jakob behauptet sich, der Engel segnet ihn und gibt ihm einen neuen Namen, Israel, und damit eine neue Identität. Coelho kommentiert dieses Ereignis folgendermaßen:

Manchmal ist es notwendig, mit Gott zu kämpfen. Alle Menschen mussten irgendwann in ihrem Leben ein Unglück durchmachen (...) In diesem Augenblick forderte Gott sie heraus, sich ihm zu stellen und ihm seine Frage zu beantworten: „Warum klammerst du dich so sehr an ein kurzes Leben voller Leiden? Welchen Sinn hat dein Kampf?" (S. 189)

Etwas später die Antwort Gottes:

Vom Himmel lächelte der Herr zufrieden – weil es genau dies war, was Er wollte. Er wollte nämlich, dass jeder die Verantwortung für sein Leben in die eigenen Hände nahm. Schließlich war dies ja die größte Gabe, die er Seinen Kindern gegeben hatte: Die Fähigkeit, selbst zu wählen und selbst zu bestimmen. (S. 190)

Der Kampf um seine Selbstbestimmung und um den Sinn seines Lebens ist jedem Menschen aufgegeben. Dies entspricht auch der Quintessenz seiner Erfahrungen, wie Elia sie formuliert.

Er war vor dem Zweifel geflohen. Vor der Niederlage. Vor den Augenblicken der Unentschlossenheit. Doch der Herr war großmütig und hatte ihn zum Abgrund des Unabwendbaren geführt, um ihm zu zeigen, dass der Mensch sein Schicksal erwählen und nicht einfach annehmen muss. (S. 191)

4. Schluss

Elia wird zum Bedeutungsträger der Kernaussage des Romans, wodurch er für Coelho zu einer zeitlosen, wegweisenden Gestalt wird. Zum Menschsein gehört auch das Scheitern hinzu, aber er kann immer wieder zu einem neuen Sinn kommen in der eigenen Lebensgestaltung, was oftmals heißt, die Vergangheit hinter sich zu lassen und frei zu sein für das Neue, für die Zukunft. Jeder Mensch muss seinem Leben einen Namen geben, d. h. die in ihm innewohnende, vorgegebene Struktur ausfindig zu machen, wie Jakob nach dem Kampf mit dem Engel einen neuen Namen und eine neue Identität erhält. Die Chance des Unglücks, wie nach dem Vernichtungskrieg durch die Assyrer, besteht darin, das Leben neu aufzubauen (S. 195) und die Kräfte zu wecken, die in uns allen schlummern. (S. 204).

Mit einem Zitat aus Coelhos Buch möchte ich schließen:

Man muss immer wissen, wann eine Etappe im Leben vorüber ist. Wenn du länger als notwendig verharrst, verlierst du deine Fröhlichkeit und das Gefühl für alles andere. (S. 217)

Literatur

Die Bibel. Nach der Übersetzung Martin Luthers. Stuttgart: 1985.

Die Schrift. Die hebräische Bibel. Das Alte Testament. Hrsg. von Martin Buber & Franz Rosenzweig (1998). Heidelberg: Lambert Schneider.

Coelho, P. (1996). *Der fünfte Berg.* Aus dem Brasilianischen von Maralde Meyer-Minnemann. Zürich: Diogenes.

Kluge, F. (19. Aufl., 1963). *Etymologisches Wörterbuch.* Berlin: Walter de Gruyter & Co.

Riedel, I. (2012). *Elia. Wege aus der Depression.* Vortrag in Mannheim: 2012.

Irene Berkenbusch-Erbe

Dr. phil., Analytische Psychologin (DGAP, IAAP), Dozentin und Lehranalytikerin am ISAP Zürich und am C. G. Jung-Institut Stuttgart. Arbeit in freier Praxis in Ludwigshafen a. Rhein. Veröffentlichungen auf psychologischem und literarischem Gebiet.

Sinn und Zweifel

Silke Maier-Witt

Zweifel sind auch beim Schreiben dieses Beitrags allgegenwärtig. Ich will, dass er gut wird, will Anerkennung, und da tut sich bereits die Falle auf, die meine Entscheidungen in meinem Leben immer wieder beeinflusst hat.

Anfangen möchte ich mit dem Beginn meines Studiums im Jahr 1969. Es war eine Zeit des Aufbruchs, eine Fülle neuer Erfahrungen stürmte auf mich ein. Da war die Auseinandersetzung mit dem Nationalsozialismus, neue Ideen, neue Formen des Zusammenlebens, ein Nachdenken über mein Frausein, Suche nach Veränderung, der Wille, anders, verantwortungsbewusster zu leben als meine Eltern.

Da war der Krieg in Vietnam, schon wieder Krieg, und die Erkenntnis, dass auch Deutschland sich daran beteiligt. Zum ersten Mal nahm ich an Demonstrationen teil, suchte mit anderen nach neuen Wegen, die Befreiungsbewegungen, die überall auf der Welt aufbegehrten, zu unterstützen. Die abgehobenen Worthülsen der verschiedenen linken Gruppierungen überzeugten mich nicht. Ich wollte etwas Anderes, wollte nicht so tun als ob, wollte authentisch sein und Veränderung leben.

Die RAF und ihre Verlautbarungen schienen Antworten anzubieten. Ja, wer wirklich solidarisch sein wollte, der musste sich auch selbst in Gefahr begeben und sich nicht nur in seiner freien Zeit engagieren. Und ja, es leuchtete mir ein, dass wirkliche Unterstützung der Befreiungsbewegungen auch bedeutete, in den sog. „Unterdrückerstaaten" Gewalt anzuwenden. Ich näherte mich der RAF an. Zweifel blieben. Ich besuchte Prozesse, beschäftigte mich mit den Schriften, meinte, auch in den Maßnahmen des Staates gegen die Gefangenen der RAF Anzeichen eines Überwachungsstaates oder sogar eines neuen Faschismus zu erkennen. Noch aber schienen mir die Analysen zu radikal, noch wollte ich auch noch schöne Seiten des Lebens erkennen.

Im Sommer 1974 fuhr ich mit einigen Mitstudenten nach Griechenland. Es war der einzige unbeschwerte Urlaub, den ich je in meinem Leben gemacht habe. Die Militärdiktatur in Griechenland war zu Ende. Wir wurden überall herzlich empfangen, wir schliefen unter freiem Himmel oder wurden eingeladen, ich war verliebt, es war eine schöne Zeit. Die Ereignisse in Deutschland waren weit weg.

Ende September fuhr ich wieder zurück. Der Herbst kam, es wurde kühler. In Hamburg angekommen, wurde mir bewusst, dass die Gefangenen aus der RAF die ganze Zeit im Hungerstreik gewesen waren. Was für ein fast unerträglicher Widerspruch. Ich schämte mich meiner Sonnenbräune. Ich hatte in der Sonne gelegen, das Leben genossen, und hier kämpften Menschen um ihr Leben, die den Kampf gegen den Imperialismus aufgenommen hatten!

Anfang November starb Holger Meins im Hungerstreik. Er stammte aus Hamburg und sollte dort beerdigt werden. In den Räumen der evangelischen Studentengemeinde trafen sich Vertreter und Vertreterinnen aller linken Gruppen, um Aktionen zu beraten. Das Treffen lief ab, wie damals alle solche Treffen abliefen: Jede Organisation gab erst einmal ein politisches Statement ab, so ganz grundsätzlich und überhaupt ... Ich fand das beschämend, fehl am Platze, unsäglich. Bis dann eine Gruppe junger Frauen und Männer auftrat. Sie gehörten zum Komittee gegen Folter, einige von ihnen kannte ich.

Die Ansage war kurz: Wer wirklich etwas tun wolle, der solle zu ihrem Büro kommen. Damit begann meine Mitarbeit im Komittee gegen Folter und meine Annäherung an die RAF. Es gab viel zu tun. Wir „beschafften" Ausweispapiere, d. h. wir stahlen Pässe und Ausweise aus Handtaschen; wir besprühten Hauswände mit Solidaritätsparolen für die RAF; ich arbeitete im Büro eines der Anwälte der Gefangenen, stellte Informationen für deren Verteidigung zusammen und vervielfältigte sie. Schließlich pendelte ich zwischen dem

Anwaltsbüro in Hamburg und dem in Stuttgart, verfolgte den Prozess gegen die führenden Mitglieder der RAF. Ich fuhr ins Ausland, um internationale Solidarität zu organisieren. Mein ganzes Leben drehte sich um die Gefangenen. Ich gab mein Studium auf, ich zog aus der Frauenwohngemeinschaft aus, die ich mit gegründet hatte und zog mit Komiteemitgliedern zusammen. Inzwischen war klar, dass einige damit begonnen hatten, eine neue RAF aufzubauen oder zumindest Anschläge vorzubereiten.

Und dann kam der 25. April 1975, die Besetzung der deutschen Botschaft in Stockholm. Fast alle der an dieser Aktion Beteiligten kannte ich. Als wir von dem Anschlag hörten, wurde bereits unsere Wohnungstür aufgebrochen; schwer bewaffnete Polizisten stürmten die Wohnung, wir wurden verhaftet, später aber wieder freigelassen.

Die Angreifer, also Menschen, die ich kannte, drangen mit brutaler, brachialer Gewalt in die Botschaft ein, nahmen einige der Botschaftsmitarbeiter als Geiseln. Ohne zu zögern, töteten sie zwei Menschen, die sie in ihre Gewalt gebracht hatten. Das Ganze endete im Chaos, einer der Angreifer wurde getötet, ein weiterer schwer verletzt.

Ich schildere diese brutale Tat so ausführlich, weil ich mir hier im Nachhinein zum ersten Mal die Frage stellte, die mich noch immer und immer wieder umtreibt: Warum habe ich keine Konsequenzen gezogen, warum bin ich dabeigeblieben, warum habe ich diese Gewalt hingenommen, ja akzeptiert, sogar noch die Entschlossenheit gewürdigt, zu der ich mich nicht fähig fühlte, oder noch nicht? Damals hätte ich meinem Leben eine andere Richtung geben können.

Aber stattdessen bemühte ich mich noch mehr, meinen Teil zur Unterstützung der Gefangenen beizutragen. Ich fuhr nach Stockholm, um die Umstände der Ausweisung des verletzten Attentäters aufzuklären. Ich pendelte weiter zwischen Hamburg und Stuttgart. Als ich schließlich sogar diejenigen direkt kennenlernen durfte, die die nächsten Aktionen zur Befreiung der Gefangenen planten, fühlte ich mich aufgewertet, wollte gute Arbeit leisten, alles richtig machen. Ich kundschaftete mögliche Angriffsziele aus, übermittelte verschlüsselte Botschaften aus dem Gefängnis

und wusste, dass ich inzwischen eine wichtige Funktion übernommen hatte. Die „Belohnung", die Aufnahme in die Gruppe, rückte immer näher. Selbst beim Schreiben dieser Worte fühle ich eine Scham darüber, wie wichtig mir Anerkennung war, bin erschrocken darüber, wie leicht ich Gewalt, ja Mord rechtfertigen konnte. Den Kampf der Gefangenen zu unterstützen, ihre Befreiung zu erreichen, das sollte auch mein Ziel sein, um jeden Preis.

Und so kam es, dass ich just an dem Tag, als der Generalbudesanwalt Buback erschossen wurde, am 7. April 1977, in die illegale Gruppe aufgenommen wurde. Ich akzeptierte ohne Weiteres, dass ich fortan eine Waffe tragen sollte, und versuchte, mich bestmöglichst einzufügen. Gab es Zweifel? Ja, vielleicht, aber sie wurden von mir weggeschoben, und im relativ banalen Alltag im sog. Untergrund fiel das nicht schwer.

Nach der Ermordung von Jürgen Ponto im Juli 1977 erschien auch mein Foto nach den Nachrichten im Fernsehen. Wieder war ein Mensch ermordet worden. War ich entsetzt, erschrocken, verstört? Nein, ich habe mir nichts anmerken lassen. Der Weg zurück in mein früheres Leben war nun endgültig verschlossen.

Und es ging weiter. Wieder wurde ich für gut genug befunden und durfte aus der relativen Sicherheit in den Niederlanden nach Deutschland kommen. Dort liefen die Vorbereitungen für die große Aktion, die die in Stammheim einsitzenden Mitglieder befreien sollte. Und ich durfte dabei sein und Hilfsdienste leisten.

Als ich am Abend des 5. September 1977 die Bilder vom Tatort der Entführung von Hanns Martin Schleyer sah, hat mich die Brutalität der Vorgehensweise nicht unberührt gelassen. Vier Menschen waren tot, Hunderte von Schüssen waren abgefeuert worden. Aber es war auch meine Aktion, ich hatte sie gewollt. Jetzt konnte ich mich nicht distanzieren, nicht in einer Situation, in der die Fahndung auf Hochtouren lief, Verhaftung jederzeit möglich war.

Und ich hatte wieder Aufgaben zu erfüllen, musste telefonisch verhandeln, Botschaften übermitteln, selbst die Kommandoerklärung der unsäglichen Flugzeugentführung verbreitete ich. In der Nacht nach der Befreiung der Geiseln und dem Selbstmord der Gefangenen fragte ich eines der führenden Mitglieder, ob Hanns Martin Schleyer freigelassen werde. Ich wusste die Antwort im Voraus. Er wisse zu viel. Und ich akzeptierte, ja, ich verbreitete, die Erklärung zu seiner Ermordung und schäme mich noch immer für die entsetzliche Formulierung, die ich damals ungerührt weitergab.

Mit dem Scheitern der Entführung und dem Tod Stammheimer Gefangenen begann der Niedergang der Gruppe. Damit wurde vieles fragwürdig. Bei mir wuchsen Zweifel. Aber ich hütete mich, sie zu äußern. Noch immer wollte ich ein „wertvolles" Mitglied der Gruppe sein. Meine Zweifel deutete ich als meine persönliche Unfähigkeit, meine Skrupel zu überwinden und eine „richtige Kämpferin" zu sein.

Das alles endete erst im November 1979. Bei einem Banküberfall der RAF in Zürich wurde eine Passantin erschossen. Ich war entsetzt über den Tod dieser Frau und sagte das auch. Das war das Ende meiner Mitgliedschaft in der RAF. Zurück in Paris gab ich meine Waffe ab. Ich war aber keineswegs erleichtert. Ich empfand dieses Ende zu dieser Zeit als eine persönliche Niederlage. Die verbleibenden „tapferen Kämpfer" sortierten diejenigen aus, die wegen ihrer fehlenden Überzeugung zu einer Belastung geworden waren. Mit mir schieden acht Menschen aus der Gruppe aus. Und wir, die Ausgesonderten, wollten trotz allem noch loyal sein, die Gruppe nicht länger belasten. Diese aber bestimmte unser weiteres Schicksal.

Und sie entschied, uns in die Obhut des Staatssicherheitsdienstes der DDR zu übergeben. Im Spätsommer 1980 reisten wir in die DDR ein. Mit unserer Aufnahme nahm die DDR ein erhebliches Risiko in Kauf. Schließlich hatte sie sich kurz zuvor verpflichtet, den internationalen Terrorismus zu bekämpfen. Bei der Einbürgerungszeremonie wurde uns daher bedeutet, dass es von nun an unsere revolutionäre Pflicht sei, nicht aufzufallen. Die Aussicht, zukünftig in der DDR zu leben, kam überraschend und wurde mit Skepsis aufgenommen. Was wusste ich von der DDR und wie konnte ich dort meinem Leben einen Sinn geben? Ich war zwar als Mitglied der RAF gescheitert, aber ich wollte trotzdem solidarisch sein, etwas bewegen, mich engagieren. Jetzt hatte ich erst einmal eine neue Identität und musste mich in einer neuen, unbekannten Umgebung zurechtfinden. Die Stasi sorgte für eine neue Bleibe und eine Arbeitsstelle.

Meine neue Aufgabe: Hilfskrankenschwester in Hoyerswerda. Da sind die Möglichkeiten, sich zu entfalten, begrenzt. Aber wenn schon Krankenschwester, dann wollte ich wenigstens eine gute Krankenschwester werden, eine sozialistische, die sich engagiert. Und das tat ich auch. Schon bald wurde ich „Facharbeiter für Krankenpflege", wurde zum Nachtdienst eingeteilt, meldete mich in meinem Urlaub freiwillig für die Arbeit im Ferienlager, bastelte Wandzeitungen, kritisierte die Stationsschwester. Zu großes Engagement stieß bald auf Skepsis, schließlich war ich laut meiner neuen Biografie aus dem Westen freiwillig in die DDR übergesiedelt, was an sich schon für die meisten meiner Kollegen und Kolleginnen, wenig glaubhaft war. Auch die Zusammenarbeit mit der Stasi entwickelte sich. Ich durfte ganz offiziell einige der mitausgereisten Ex-RAF-Mitglieder besuchen und beraten, was ich als Vertrauensbeweis wertete und, mal wieder, als Aufwertung empfand.

Mit wachsender Skepsis der Oberschwester mir gegenüber (sie hielt mich für eine zurückgezogene Spionin), beschloss die Stasi, dass ich umziehen müsse. Ich kam nach Erfurt und arbeitete dort in der Medizinischen Akademie. Diesmal sollte ich meine westdeutsche Herkunft möglichst wenig erwähnen. Und wieder legte ich mich ins Zeug, fragte bei der Stadtverwaltung nach, wo ich mich sozial engagieren könne. Die gute Frau hatte so etwas sicher noch nie erlebt und ließ sich voller Argwohn erst einmal meinen Ausweis zeigen.

Schließlich durfte ich eine Ausbildung zur Krankenschwester beginnen. Unter den Mitstudierenden fand ich neue Freundinnen. Natürlich war ich in allen Fächern, einschließlich Marxismus/Leninismus, die Beste. Vor allem aber hatte ich die Zuneigung der Ausbildungsleiterin. Sie schlug mir vor, dass ich nach dem Ende meiner Ausbildung weiterstudieren und in die Ausbildung von Krankenschwestern einsteigen könnte. Da war sie, die neue Herausforderung, endlich eine Perspektive, die Möglichkeit, etwas ganz Neues zu beginnen.

Aber es kam ganz anders. Am 28. März 1986 klingelte es am späten Abend an meiner Tür. Es war Gerd, mein Stasibetreuer. Der absolute „Supergau" war eingetreten. Die Stasi hatte Nachricht vom KGB, dass Silke Maier-Witt unter dem Namen Angelika Gerlach in Weimar zur Krankenschwester ausgebildet werde. Das war das Ende meiner Zeit in Erfurt. Noch in der Nacht entfernten wir alle schriftlichen Hinweise von mir und meiner Arbeit, säuberten die Wohnung, um keine Fingerabdrücke von mir zu hinterlassen, und am Morgen fuhr ich mit Gerd nach Berlin. Was war geschehen?

Einer meiner Mitstudenten hatte versucht, aus der DDR zu fliehen, war verhaftet und später in die BRD abgeschoben worden. Er hatte mich auf einem Fahndungsplakat erkannt. Die Stasi tat alles, um meinen Fortgang aus Erfurt plausibel erscheinen zu lassen: fristgemäße Kündigung der Arbeitsstelle und des Ausbildungsvertrages, Abmeldung aller Mitgliedschaften usw. Es wurde eine Legende für mich gebastelt, die ich persönlich der Oberin und der Ausbildungsleiterin erzählen musste. Sie war so hanebüchen, dass ich mir sicher war, dass niemand, der mich kannte, sie glauben würde: Ich zog nämlich zu einem Mann mit drei Kindern, der ehemals meine große Liebe gewesen war. Sehr viel später bestätigten meine Mitstudentinnen, dass sie diese Geschichte tatsächlich nicht geglaubt hatten.

Es begann eine schwere Zeit für mich. Ich hatte praktisch keine Identität, keine sozialen Kontakte, keine Aufgabe. Mein Leben war sinnlos geworden. Erst im Oktober 1987 begann für mich wieder ein neues Leben. Als Sylvia Beyer durfte ich in einer Pharmafabrik in Neubrandenburg als Informationsstellenleiterin anfangen.

Die neue Arbeit in der Produktion öffnete mir die Augen für die ökonomischen Probleme dieses Staates. So wie es war, konnte die DDR nicht überleben. Ich teilte diese Meinung mit den Ingenieuren des Betriebes. Nicht zuletzt deshalb trat ich ohne Erlaubnis der Stasi in die SED ein.

Die Wende erlebte ich mit widersprüchlichen Gefühlen. Hier war sie, die Chance auf eine Veränderung. Plötzlich war wieder vieles möglich. Ich konnte mich wieder politisch betätigen, gründete eine Frauengruppe, setzte mich dafür ein, die Selbstständigkeit der DDR zu bewahren und eine schnelle Übernahme zu verhindern. Gleichzeitig wurde mir sehr schnell klar, dass mit der Wiedervereinigung meine falsche Legende auffliegen würde. Am 18. Juni

1990 wurde ich verhaftet. Ich war wieder Silke Maier-Witt, und erst jetzt setzte ich mich mit meiner Geschichte wirklich auseinander.

Die mich quälenden Fragen waren, warum ich für vage politische Ziele Gewalt gegen Menschen rechtfertigt hatte, warum ich Mitglied einer Gruppe geworden war, von der ich wusste, dass sie Menschen ermordete. Wie hatte ich meine menschlichen Gefühle, meine Skrupel, meine Zweifel unterdrücken können?

Eine abschließende Antwort habe ich noch immer nicht gefunden. Auch meine „DDR-Geschichte" erschien mir jetzt in neuem Licht. Wieder hatte ich Zweifel, eigene Bedenken, eigene Erfahrungen hintan gestellt. Wieder hatte ich eine Ideologie verteidigt. Das Muster war dasselbe.

Nach fünf Jahren wurde ich aus der Haft entlassen. Ich beendete mein Psychologiestudium und hatte zum ersten Mal das Gefühl, nun wirklich selbst zu entscheiden, wie ich leben will. Meine Geschichte war dabei ein erhebliches Hindernis. Erst im Sommer 1999 fand ich für mich eine neue Aufgabe. Im Februar 2000 reiste ich im Rahmen des von der Bundesregierung finanzierten zivilen Friedensdienstes in den Kosovo. Aber das ist eine neue Geschichte.

Silke Maier-Witt
72 Jahre, Dipl.-Psychologin, Mitglied des „Forum Ziviler Friedensdienst". Von 2000 bis 2007 als sog. „Friedensfachkraft" im Kosovo, von 2007 bis 2016 in Skopje, Nordmazedonien, tätig, wo sie bis heute lebt.

Zwischen Gewissheit und Zweifel
Orientierung im Nebel von Ideologie und Verschwörungstheorien

Matthias Gabriel

In einer immer komplexer werdenden Welt sind in höchstem Maße unsere Fähigkeiten zur Orientierung, zur Erkenntnis und zum Wissenserwerb gefragt. Demgegenüber scheint die Desorientierung in Form von Ideologie, pseudo-wissenschaftlichen „post-faktischen" Anschauungen und Verschwörungstheorien stetig zuzunehmen. C. G. Jung hat schon Anfang des 20. Jahrhunderts, noch vor den modernen Forschungen und Erkenntnissen der Kognitionswissenschaften, ein Modell der menschlichen Orientierung und Informationsverarbeitung entwickelt, bestehend aus den „Orientierungsfunktionen" Denken und Fühlen, Intuition und Wahrnehmung. Sie liefern die Grundlagen für unsere Einstellungen und Überzeugungen, die sich zu Mustern der Interpretation unserer äußeren und inneren Welt zusammenfügen. Aus diesen Quellen speisen sich auch die verschiedensten Arten von Erkenntnis und Wissen, darunter vor allem das Tatsachen-, Fakten- oder kognitive Wissen. Bei diesem geht es um Wissen, dass etwas der Fall ist. Jemand weiß etwas genau dann, wenn drei Bedingungen erfüllt sind: Erstens: er ist von seinem Urteil überzeugt, zweitens: diese seine Überzeugung ist gerechtfertigt und drittens: sie ist auch wahr.

Überzeugung

Die erste notwendige Bedingung für Wissen besteht darin, dass eine Überzeugung vorliegt. Dass jemand überzeugt ist, dass sich etwas so und so verhält, heißt, dass eine Person dies für wahr hält. Überzeugungen drücken den Inhalt des Wissens durch Sprache aus, bestehen daher aus Sätzen und können weiter in Begriffe untergliedert werden. Wer über keinerlei Begriffe verfügt, kann auch keine Überzeugungen haben. Zur Frage, wie Begriffe entstehen und zusammenhängen, gibt es allerdings die unterschiedlichsten Antworten.

Der Fundamentalismus der Begriffe geht davon aus, dass bestimmte basale Begriffe existieren, welche die Basis für die Definition komplexer Begriffe abgeben, aber selbst nicht weiter definierbar und hinterfragbar sind. Auf diesem für unbezweifelbar angesehenen Fundament baut sich dann ein hierarchisches Begriffssystem auf, welches die Dinge nach ihrem Wesen ordnen will. Eine solche Wesensbestimmung unterstellt, dass alles Seiende einer ganz natürlichen Ordnung folgt, die mit einem angeblich natürlichen System der Klassifikation der Objekte haargenau abgebildet werden kann.

Ideologien und Verschwörungstheorien zeichnen sich dadurch aus, dass sie sich bevorzugt auf einen solchen Begriffs-Fundamentalismus stützen. Die Komplexität unserer modernen Welt, ihre Probleme und Krisen können damit auf ganz wenige Ursachen reduziert werden. So behaupten z. B. rechtsextreme sogenannte Identitäre Bewegungen, dass sich das „Deutschtum" angeblich mit nicht mehr hinterfragbare Kriterien definieren lässt. Mehr oder weniger versteckt wird dabei der Begriff der Rasse als grundlegender Wesens-Bestandteil und Definitions-Standard des Menschseins bestimmt. Aber auch die Begriffe Geschlecht, Familie, Nation – für alle nehmen Ideologen insbesondere biologisch begründete starre Wesensbestimmungen vor, die aus der Wirklichkeit oder der Natur selbst herrühren sollen.

Das starre Beharren auf durch künstliche Definitionen konstruierte Identitäten führt immer auch zur Abgrenzung gegenüber dem Anderen. Die Konsequenz ist eine ausgeprägte Neigung zu dualistischen Denkweisen als Merkmal dieser ideologischen Strömungen. In postulierten Gegensätzen „Wir gegen die Anderen" bezieht sich „wir" auf das „wahre Volk" und „die Anderen" auf „die Elite, oder das Establishment", dem schwächeren Guten steht das vermeintlich übermächtige Böse gegenüber.

Dem Fundamentalismus der Begriffe folgt ein Fundamentalismus der Überzeugungen, welcher der Argumentationsstruktur vieler (Verschwörungs-)Ideologien zu Grunde liegt. Während in wissenschaftlichen Theorien meistens eine Vielfalt und Vielzahl von Faktoren für das Zustandekommen eines Ereignisses in Betracht gezogen wird, geht er davon aus, dass einige wenige basale Überzeugungen existieren, die unmittelbar einleuchtend, mit Sicherheit wahr sind und nicht sinnvoll angezweifelt werden können. Eine solche dogmatische Haltung schließt eine Diskussion über ihre meist monokausale Basis aus und verwendet die verschiedensten Strategien, um sich gegen Kritik und Gegenrede zu immunisieren. Als nicht mehr hinterfragbare Basisannahme bei Impfgegnern und Leugnern des anthropogenen Klimawandels erscheint z. B. häufig die Behauptung, dass von Eliten ein Heer von Wissenschaftlern bezahlt wird, um uns in unserem gesamten Weltbild in die Irre zu führen. Wenn übermächtige Cliquen alles und jedes manipulieren, dann kann diese Grundannahme nicht mehr mit der Präsentation von Fakten widerlegt und falsifiziert werden, da diese immer ebenfalls manipuliert sein können.

Rechtfertigung

Eine Überzeugung, auch wenn sie noch so unmittelbar einleuchtend erscheint, stellt noch kein Wissen dar, sie muss begründet werden. Ob eine Überzeugung gerechtfertigt ist, hängt von den anderen Überzeugungen ab, die jemand zu einem bestimmten Zeitpunkt hat. Solche Überzeugungssysteme von zusammenhängenden, untereinander begründeten Überzeugungen kann man auch Theorien nennen.

Nur wer Gründe für die Wahrheit seiner Überzeugung oder Theorie besitzt, kann auch Wissen beanspruchen. Wann taugen Gründe für eine Überzeugung und sind geeignet innerhalb eines Netzes von Überzeugungen, diese zu stützen? Von gut begründeten Theorien kann man dann sprechen, wenn fundierte Daten- oder Beweisgrundlagen vorliegen, die wahrscheinlichkeitstheoretische oder logische Schlussfolgerungen erlauben.

Verschwörungstheorien sind in diesem Sinne meistens stark bemüht, den Anforderungen von Rechtfertigung zu entsprechen. Allerdings finden sich oft in ihren Argumentationsketten falsche Glieder von Gründen, die aus „Fake News" oder „alternativen Fakten" bestehen oder auf diffusem Halbwissen und dem subjektiven Eindruck beruhen.

Häufig tritt in Ideologien und Verschwörungsmythen ein Schlussverfahren in den Vordergrund, welches in wissenschaftlichen Theorien keine Rolle spielt. Es ist der Analogieschluss. Ein Beispiel: Schwarz entspricht unrein, Afrikaner sind schwarz, es handelt sich also um eine unreine Rasse. Man kann sich leicht vorstellen, dass mit diesem Verfahren alles und jedes gerechtfertigt werden kann. Ein altorientalisches Standbild im Pergamonmuseum, das angeblich dem Teufel ähnlich sieht, lässt den analogen Schluss auf ein dort befindliches Zentrum des Satanskultes zu, in dem des Nachts Kinderopfer erbracht werden. Angela Merkel wohnt gleich gegenüber dem Museum. Kann dies ein Zufall sein? Es

Dieses Bildelement der Ein-Dollar-Note zeigt eine unvollständige Pyramide, über der das Auge der Vorsehung und der lateinische Schriftzug *Annuit coeptis* prangt. Unterhalb befindet sich der Schriftzug *Novus ordo seclorum*, lateinisch für „eine neue Ordnung der Zeitalter" – für viele Verschwörungstheoretiker ein wichtiges Indiz einer globalen Verschwörung des Illuminatenordens oder der Freimaurer. (wikipedia)

Plakat bei der Demonstration gegen die Corona-Maßnahmen in Berlin am 29. August 2020. Von links nach rechts: Bill Gates, Spahn, Drosten, Söder, Merkel, Wieler (RKI) (wikimedia) Versehen mit Kommentaren, die den Abgebildeten zugeschrieben werden.

scheint nach dieser „Logik" unbestreitbar, dass die ehemalige Bundeskanzlerin an den satanistischen Ritualen beteiligt ist und einer globalen Elite angehört, welche die Covid-Pandemie erfunden hat, um die Bevölkerung genverändernden Impfungen zu unterwerfen. So zumindest die Argumentation des Fernsehkoches Attila Hildmann. Seine Medienbotschaften haben hunderttausende Anhänger in Deutschland.

Als weiteres fragwürdiges ideologisches Argumentationsmuster wird häufig das „Cui bono"-Argument angewendet. Die „Erfindung" der Covid-Erkrankung durch reiche „Eliten" wird dann damit „bewiesen", dass die Pandemie der Pharmaindustrie nützt. Krimileser aber wissen, dass der Gärtner nicht unbedingt der Mörder sein muss, auch wenn er ein Motiv hat.

An diesen Beispielen kann man auch beobachten, dass die Begründungsketten in der Rechtfertigung stark vereinfacht werden. Neue Informationen werden nur selektiv berücksichtigt, d. h. nur wenn sie in das Gesamtsystem passen. Oft enthalten solche Theorien versteckte Widersprüche, die aber wegen der Unterdrückung von Gegenargumenten nicht aufgedeckt werden. Menschen lassen sich gerne täuschen, wenn in komplexen Begründungsketten bereits entwertete Gründe nicht aufgespürt bzw. ausgeblendet werden. In psychologischen Untersuchungen konnte gezeigt werden, dass Probanden lieber an ihren falschen Überzeugungen festhielten und sogar Nachteile in Kauf nahmen, als eine kognitive Dissonanz, also Widersprüche in ihrem Überzeugungssystem, aufkommen zu lassen.

Wahrheit

Es gibt aber noch eine weitere komplizierte Frage, welche sich auf die dritte notwendige Bedingung für Wissen bezieht, nämlich: Was ist Wahrheit? Daraus, dass ich von irgendetwas überzeugt bin und es auch begründen kann, folgt immer noch nicht, dass ich es auch weiß. Von Wissen kann nur die Rede sein, wenn die Wahrheit einer Überzeugung ins Spiel kommt.

Die bei weitem älteste und am weitesten verbreitete Konzeption der Wahrheit ist die sogenannte „Korrespondenztheorie" der Wahrheit: Eine Überzeugung ist genau dann wahr, wenn sie mit einer Tatsache korrespondiert oder ihr entspricht. Wahrheit ist demgemäß eine Eigenschaft von Überzeugungen und nicht von Tatsachen. Diese sind die „Wahrmacher" von Überzeugungen und entweder vorhanden oder nicht. Es gibt keine „alternativen Fakten", genauso wenig wie „alternative" Wahrheiten. Nur bei Überzeugungen gibt es Alternativen, die möglicherweise einen unterschiedlichen Grad von Gewissheit aufweisen. Da Überzeugungen wahr oder falsch sein können, kann dabei niemals die Möglichkeit eines

Irrtums ausgeschlossen werden. Es gibt keine endgültige Gewissheit, aber immer eine bestmögliche Annäherung an die Wahrheit.

Verschwörungstheoretiker und Ideologen wandeln nun diese Wahrheitsbestimmung in typischer Weise um: Sie setzen ihre Überzeugungen und eigenen Theorien mit den Tatsachen, mit der Wirklichkeit gleich. Wahrheit und Überzeugung werden identisch, es gibt damit keine Alternativen und Irrtumsmöglichkeiten mehr. In diesem Sinne ist dann „Wahrheit" ein Objekt, welches man besitzt oder, noch weitergehend, welches man selbst ist.

Der Weg ist gebahnt, abweichende Meinungen als Bedrohung der eigenen oder der Gruppenidentität wahrzunehmen und mit Gewalt zu unterdrücken oder Andersdenkende anzugreifen, wie bei Pegida-Aufmärschen und „Querdenker"-Demos häufig geschehen.

Wahrheit muss in diesen Strömungen nicht mehr auf zu untersuchende Fakten bezogen werden. Stattdessen reicht es aus, etwas für wahr zu halten, wenn es mit den Überzeugungen der Gruppe übereinstimmt oder irgendwie im Rahmen der jeweiligen Weltanschauung stimmig ist. Oft verblüffen Ideologien mit einer solchen inneren Stimmigkeit und Kohärenz und weisen ein in sich geschlossenes plausibles Begründungsmuster auf. Sie sind trotzdem als Ganzes falsch, weil alternative oder sogar widersprüchliche Basisannahmen nicht berücksichtigt worden sind.

Wird auf der anderen Seite Wahrheit oder die Wahrheitsfindung über den Schulterschluss mit Gleichgesinnten gesucht, ist dies äußerst problematisch. Viele Menschen geben der Loyalität gegenüber der sozialen Gruppe den Vorzug vor der Loyalität gegenüber den Fakten. Willkürlichen Meinungen und Theorien sind damit aber Tür und Tor geöffnet. Gerade die moderne Entwicklung in den Internetforen mit ihren Filterblasen und Echo-Kammern hat gezeigt, dass ein sozialer Konsens im Netz über die schlimmsten Formen von Ideologie hergestellt werden kann und als angebliche Wahrheit verbreitet wird.

Kontexte und Sinnfelder

In sozialen Konsensgruppen und mit einer Bindung an ein übergeordnetes Ganzes von Überzeugungen und Einstellungen bewegen sich stets alle Menschen in allen Lebensbereichen. Zu einer solchen Weltanschauung gehören einerseits ein Weltbild und andererseits ein Wertesystem. Innerhalb einer bestimmten Weltanschauung können die Grundlagen des jeweiligen Ideen- und Wertsystems durchaus nicht klar bewusst sein. Inhaltlich gefüllt werden die Weltanschauungen aus einem vielfältigen Reservoir an Sinnstiftungs- und Rechtfertigungsideen in Form von Narrativen und Mythen, kulturellen Archetypen und Symbolen, religiösen Vorstellungen, Moralkonzepten, Weltbildern, ästhetischen Konzepten und Präferenzskalen. Wissenschaft und Psychologie, Ethik und Moral, Politik, Kunst und auch die Alltagswelt bilden verschiedene Kontexte oder Sinnfelder, aus denen die Weltanschauungen und menschlichen Orientierungssysteme ihre Bedeutung beziehen.

Der kognitive Bereich mit der Wissenschaft berücksichtigt, dass menschliches Leben in all seinen soziokulturellen Varianten auf verlässliches Erfahrungswissen über die Wirklichkeit angewiesen ist. Dieses Wissen besteht generell aus Theorien mit Hypothesencharakter, die sich an den Tatsachen mehr oder weniger gut bewähren müssen. Man weiß aber niemals, ob diese Theorien definitiv wahr sind. Menschen sind in der Erkenntnisdimension irrtumsanfällig. Erfahrungswissen ist in vielen Fällen sehr verlässlich, ohne deshalb unumstößlich zu sein und muss immer einer kritischen Prüfung unterzogen werden.

Die Wissenschaften liefern selbst keine Weltanschauung. Der Gewinn empirischen Wissens findet stets innerhalb eines weltanschaulichen Rahmens statt und Erkenntnis ist primär darauf ausgerichtet, zutreffende Informationen über die Tatsachen zu erlangen, um die Weltanschauung mit Faktenwissen zu versorgen und plausible Grundlagen für Wertentscheidungen zu liefern. Man muss also genau die Ergebnisse der Wissenschaft unterscheiden von deren Interpretation im Rahmen der unterschiedlichen Weltanschauungssysteme.

Fehlbar sind wir nicht nur hinsichtlich unserer Bezüge im Bereich innerhalb unserer Sinnfelder, sondern auch bezüglich der Einstellungen, welche die Zugehörigkeiten zu den einzelnen Kontexten betreffen. Dies bedeutet, dass Sinnfelder verwechselt werden können.

Verschwörungstheorien transportieren typischerweise Kategorisierungen und Bedeutungen, die im Kontext von menschlichen Handlungen eine Rolle spielen, in einen Bereich, in welchem naturwissenschaftliche Begriffe und Kataloge ihre Geltung beanspruchen.

In zufälligen Anordnungen werden häufig Muster erkannt beziehungsweise Zusammenhänge unterstellt, wo keine sind, z. B. werden natürliche Prozesse durch menschliche Akteure ersetzt. In der Corona-Pandemie sind es in dieser Sichtweise nicht in erster Linie natürliche, biologische oder statistische Prozesse, welche an der Basis der Ereignisse stehen, sondern es sind handelnde Menschen, z. B. das „Establishment". Diese mächtige Elite hat Interessen und kann im Unterschied zur Natur zielgerichtet tätig werden, sie kann täuschen und manipulieren.

Eine andere Form der Kontextverwechslung spielt oft in rassistischen Verschwörungsideologien eine Rolle. Im Sinnfeld unserer Lebenswelt, in unserem inneren oder äußeren zwischenmenschlichen Leben können Narrative, Geschichten, archetypisch strukturierte Symbolsysteme und Mythen als Muster zur Orientierung dienen. In Verschwörungstheorien werden nun oft mythologisch-symbolische Narrative aus ihrem Sinnkontext herausgehoben und zur Erklärung von gesellschaftlichen und politischen Prozessen in einem völlig anderen Zusammenhang missbraucht.

So heißt es, dass die fleißigen, rechtschaffenen Deutschen angeblich von ihren eigenen Landsleuten, einer Politikerclique, verraten und der Abschaffung durch eindringende Horden von islamischen Fremdvölkern ausgeliefert oder durch Impfstoffe dezimiert werden sollen. Dies ist der alte Siegfried-Nibelungen-Mythos, der auch als Dolchstoßlegende eine unheilvolle Rolle schon in der Weimarer Zeit gespielt hat. Denn Mythen und Symbole sind oft mit starken Emotionen verbunden, welche dann im politischen und gesellschaftlichen Bereich regelrecht explodieren können.

Hier zeigt sich dann auch, dass Emotionen, die im System der Orientierungsfunktionen der Analytischen Psychologie zusammen mit ästhetischen und intuitiven Faktoren eine wichtige Rolle beim Zusammenkommen unserer Einstellungen spielen, in die Denkfunktion übertragen werden und Überzeugungen dann zu „gefühlten" Wahrheiten werden. Rationale Argumente werden durch interessengeleitete und wunschorientierte Meinungen ersetzt. Mit ihrer identitäts- und hoffnungsstiftenden Funktion erweisen Verschwörungsideologien ihre Nützlichkeit als psychologische Stressbewältigungsstrategien. Dem Wunsch nach Stützung des Selbstwertgefühls kommt die wohltuende Illusion entgegen, als „Wahrheitsbesitzer" etwas ganz Besonderes gegenüber den „Schlafschafen" zu sein.

Vor allem in gesellschaftlichen Krisensituationen entspricht dieses „motivierte Schlussfolgern" Wünschen nach Sicherheit, Gewissheit und damit zusammenhängender Komplexitätsreduktion.

Auch die Anhänger von Verschwörungsmythen wollen zweifeln, besonders kritisch sein und „querdenken". Bei ihrer Kritik an allem, was ihrer Meinung nach „Mainstream" ist, bleibt das Ergebnis vorgegeben, und die Fakten werden angepasst. Ihr Zweifel richtet sich ausschließlich auf die Gesamtheit dessen, was ihren dogmatischen, unbezweifelbaren Grundannahmen widerspricht und lässt diese selbst unangetastet.

Ein solches Fundament sicherer Gewissheit können uns rationale und wissenschaftliche Theorien hingegen nicht geben. Denn bei ihnen ist Zweifel eine Methode und das Ergebnis ist offen. Es kann sich nur durchsetzen, was belegt und nicht falsifiziert worden ist. Est eine Überprüfung unserer Theorien und Überzeugungen kann zu Wissen, Erkenntnis und Orientierung in unserer Umwelt führen.

Matthias Gabriel
Dr. med., Troisdorf, Arzt für Innere Medizin, Dipl.-Psychologe, Psychotherapie.

biografie – gesellschaft

Rudolf Daur – ein visionärer Brückenbauer zwischen Seelsorge, Psychotherapie und gesellschaftlichem Engagement

Joachim v. Luxburg

1. Einleitung

Rudolf Daur ist ein heute nur noch wenig bekannter Gründungsvater der 1949 in Stuttgart ins Leben gerufenen *Gemeinschaft Arzt und Seelsorger*, die sich 1974 in *Internationale Gesellschaft für Tiefenpsychologie (IGT)* umbenannte und bis heute Psychotherapeut:innen und Angehörige anderer Berufsgruppen zusammenführt. Diese Verbindung war ihm als evangelischem Pfarrer ein Anliegen, lange bevor die beiden Fachrichtungen aufeinander zugingen. Beiden gab er Anregungen, sich auf den tieferen Sinn der Entwicklung eines Menschen zu beziehen. In der Kirche setzte er sich selbstbewusst für gesellschaftliche und kirchliche Veränderungen ein. Er ist es wert, dass wir uns an ihn als einen mutigen Pionier erinnern und uns die Frage stellen, welche Impulse er für uns als Psychotherapeut:innen damals gegeben hat und wie sie heute nachwirken.

Für mich, den Verfasser dieses Artikels, ist er zugleich ein Pfarrer meiner Jugendjahre in der Stuttgarter Markusgemeinde. Damals sah ich in ihm einen asketischen, alten Mann, freundlich, den Menschen zugewandt; einen aus seiner tiefsten Überzeugung heraus eindringlich sprechenden Prediger, dem ich gerne zuhörte. Am nachdrücklichsten in Erinnerung ist mir, wie er im März 1956 über den Psalmvers predigte: *Die Erde ist des Herrn*. Mit leidenschaftlicher Stimme wiederholte er immer wieder diese Worte, auch auf Hebräisch: *ha arätz le Jahwe*. Ich kann noch immer hören, wie diese Stimme eines tiefgläubigen Naturbegeisterten in mir nachklingt.

Er sagte, dass Gott bzw. das Wirken des göttlichen Geistes in der Natur allgegenwärtig und erfahrbar sei, und sprach von seiner Hoff-

Rudolf Daur (1892 - 1976)

nung und Gewissheit, dass hier, auf der Erde, Gottes Reich des Friedens und der Liebe entstehen wird.

Ich nahm Pfarrer Daur als einen in seinem Glauben tief mit sich selbst verbundenen Menschen wahr. Sein unabhängiger Geist, der sich weder durch Kirchenleitungen, Regierungen oder die Naziherrschaft einschüchtern ließ, imponierte mir. Heute, 45 Jahre nach seinem Tod, wird mir bewusst, wie modern er jetzt wäre in vielen seiner Anschauungen und wie sehr er mich geprägt hat, auch in meinem Beruf als Psychotherapeut. Ähnliche Reflexionen habe ich von Jugendfreunden erhalten.

2. Der Lebensweg

Rudolf Daur wurde 1892 geboren in einer nach außen hin abgeschlossenen, pietistisch-frommen Welt, in der Brüdergemeinde Korntal bei

Stuttgart. Diese war 1819, nach den katastrophalen Hungerjahren in Südwestdeutschland, als Lebensgemeinschaft frommer Bauern und Handwerker, die für das Jahr 1836 die Wiederkunft Christi erwarteten, gegründet worden. Sein Vater, zuvor schon sein Großvater waren Gemeindevorsteher von Korntal gewesen. In patriotischer Begeisterung zog der junge Theologiestudent in den Ersten Weltkrieg, er erkrankte dort schwer, drei seiner Brüder fielen, und er wurde zum Pfarrdienst entlassen. Er änderte seine Einstellung grundlegend und wurde Pazifist. Nunmehr seine Überzeugung: Wirklicher Frieden lässt sich nicht mit mörderischen Waffen herbeiführen. Daher wurde er 1918 Mitgründer eines Bundes antimilitaristischer Pfarrer, der sich bald darauf in den neu entstehenden Internationalen Versöhnungsbund eingliederte, einer schließlich weltweit tätigen Organisation, der u. a. Mahatma Gandhi oder Martin Luther King angehörten. Während vieler Jahre war Daur der Präsident von dessen deutschsprachigem Zweig. Die Erfahrung der beiden Weltkriege und der Naziherrschaft machten ihn zu einem leidenschaftlichen Kämpfer für Frieden und Versöhnung,

für den Aufbau des Reichs Gottes in der Welt, wie er es nannte.

Verschiedene schwäbische Gemeinden waren die wichtigsten Stationen seiner Tätigkeit als Pfarrer, darunter von 1939–1962 die Stuttgarter Markusgemeinde. Passend zu seiner aktiven Mitarbeit in der Bekennenden Kirche wurde 1948 in seiner Markuskirche die *Stuttgarter Schulderklärung* zur Rolle der evangelischen Kirche im NS-Staat verkündet. Mitzuwirken an der Heilung der in den Kriegen und ideologischen Auseinandersetzungen geschlagenen Wunden wurde ihm zum Lebensauftrag. Dabei schärfte das persönliche Leiden – 1941 war sein einziger Sohn gefallen – seinen Blick für das Leiden der anderen Menschen. Lange Jahre war er Präsident des *Bundes für freies Christentum*. Da ihm die Einheit der Kirchen und Konfessionen am Herzen lag, war er Leiter der Stuttgarter Bewegung *Una Sancta (Ecclesia)*. Und das alles neben seinen Aufgaben als Erster Pfarrer einer Gemeinde mit ca. 17.000 Gliedern. Öffentliche Ämter nahm er nicht an, außer das eines langjährigen Synodalen in seiner Landeskirche. Die Markuskirche machte der auch leidenschaftlich mu-

Markuskirche Stuttgart. In der Markuskirche ist eine Gedenktafel mit dem vollen Wortlaut des Stuttgarter Schuldbekenntnisses vom 19. Oktober 1945 angebracht.

Tagungsbericht, herausgegeben von Wilhelm Bitter 1961 mit Beiträgen u. a. von:
Wilhelm Bitter, Jean Gebser, Rudolf Daur, Helmut W. Eschenbach, Walter Züblin, Josef Rudin und vielen weiteren Ärzten, Psychotherapeuten, Theologen.

Die Vorträge wurden gehalten auf der Berliner Tagung der Stuttgarter Gemeinschaft Arzt u. Seelsorger im Sommer 1960.

sizierende Pfarrer nach dem Krieg zum Ort der Kirchenmusik in Stuttgart, z. B. wurden dort die Oratorien von Bach aufgeführt. Daur blieb bis an sein Lebensende ein begehrter Seelsorger, Prediger, Rundfunkpfarrer und Ratgeber, weit über seine Gemeinde und die evangelische Kirche hinaus. Er starb 1976 im Alter von 84 Jahren. Welch erstaunlicher Lebensweg für einen Mann aus der Mitte und Enge von Korntal!

3. Die Gründung der Gemeinschaft Arzt und Seelsorger

Bereits 1937 hatte Daur einen tiefenpsychologischen Arbeitskreis in Stuttgart gegründet, ausgehend von einer Tagung, zu der er C. G. Jung und den Theologen und späteren Bischof Wilhelm Stählin eingeladen hatte. Psychoanalyse und Psychotherapie lösten damals in der Kirche heftige Abwehrreflexe aus. Dennoch gab er 1949 auch den Anstoß zur Gründung der *Gemeinschaft Arzt und Seelsorger*. Rudolf Daur, ein treuer Seelsorger der im Krieg schwer getroffenen Gemeinde, der stets in Distanz zum NS-Staat geblieben war, und auf der anderen Seite der in Gegnerschaft zum Nationalsozialismus in die Schweiz emigrierte und von dort 1949 nach Deutschland zurückgekehrte Arzt und Psychoanalytiker Wilhelm Bitter – beiden war die wechselseitige Befruchtung von Theologie und Psychotherapie ein Herzensanliegen, wollten sie dadurch

doch dazu beizutragen, die Not der Menschen in der Zeit nach der NS-Herrschaft und dem Weltkrieg zu lindern. Beide vertraten innerhalb ihrer Disziplinen einen ähnlichen Standpunkt: Bitter wollte eine „synoptische Psychotherapie" fördern, um das Beste und Bewährte aus den verschiedenen Schulrichtungen zu verbinden, und Daurs Anliegen war die Synthese und das Zusammenwirken zwischen den in Fraktionen, Konfessionen, Religionen zersplitterten Weltanschauungen, Kirchen und Menschen. Die Entscheidung zur Gründung der Gemeinschaft fiel bei ihrer ersten Begegnung. Der dritte im Bunde wurde der katholische Theologe Hermann Breucha, ein Freund Daurs. Bis zu seinem Tod im Jahr 1976 war Daur aktiv in der Leitung der IGT. Vielleicht sind seine Weichenstellungen bis heute wirksam. In den 24 jährlichen Tagungen der Gemeinschaft, oft in Schloss Elmau bei Garmisch, war er ein gesuchter Gesprächspartner.

Am Beginn stand das Bemühen, Theologen in Tiefenpsychologie zu unterrichten. Daur sah die Notwendigkeit einer gründlichen tiefenpsychologischen Schulung der Pfarrer. Sie sollten etwas wissen von Verdrängung und Unterdrückung, aber auch von Befreiung und Überwindung. Bitter (1956) strebte, ähnlich wie Daur, in der Psychotherapie einen Prozess der Wandlung des Menschen in seinem Wesenskern an, hin auf eine erneuerte, menschlichere Welt. Mit großer Resonanz war die Gemeinschaft in den ersten Jahren in diesem Sinne tätig. Bei den folgenden Tagungen weitete sich der Kreis der Referenten aus, von nichttheologischer Seite z. B. auf Dürckheim, Bally, Condrau, Gebser, Frankl, von Franz oder Züblin. Die Ernsthaftigkeit und Leidenschaft, mit der dort konservative Theologen, herausragende Psychotherapeuten und Wissenschaftler über Psychotherapie, Seelsorge, Meditation, religiöse Erfahrung, Kirche oder gesellschaftliche Entwicklungen miteinander gesprochen und aufeinander gehört haben, ist beeindruckend. Hier gab es einen wirklichen Aufbruch.

4. Sein Charisma

Sein eigentliches Charisma war seine Sensibilität für die Menschen, für die unendlich vielen Stimmen, die ihn im Laufe seines Lebens erreicht haben (Zink, zit. nach Collmer, 1976, S. 15). Viele Menschen, vom hoch angesehenen Wissenschaftler bis zum einfachen Gemeindeglied, berichteten von seinem Charisma als Prediger und seiner persönlichen Zuwendung als Seelsorger. So beschrieben haben ihn z. B. Martin Decker-Hauff, Horst Ehmke, Marie-Luise von Franz, Albrecht Goes, Manfred Metzger oder Martin Niemöller. Der umfangreiche Briefwechsel ist leider noch nicht veröffentlicht. Zeitlebens bemühte sich Daur, die Ziele und den Sinn, die er für die Entwicklung des Menschen auch durch die Psychotherapie formulierte, selbst zu verwirklichen, diesem Ideal selbst zu entsprechen. Sein gelebtes Vorbild, auch im Umgang mit schwierigen Emotionen, überzeugte die Menschen und zeigte ihnen so Wege, sich aus Konflikten, Ängsten, Schuld und Not zu befreien, auch wenn sie seine Ansichten nicht immer teilten. In diesem Sinne bezeichnete ihn z. B. der Theologe Jörg Zink als seinen wichtigsten „Meister".

Vielleicht ist es möglich, das Besondere der Persönlichkeit Daurs in diesen Zeilen wenigstens ein bisschen durchschimmern zu lassen. Theophil Askani, ein jüngerer Wegbegleiter, hat es so ausgedrückt: *Eine (seiner Gaben) war das Sehen. Er hat einen Menschen ansehen können ohne den Schattenriss des eigenen Urteils dazwischen, das hat gutgetan* (Askani, in Collmer, S. 19). Viele der Menschen, die ihm begegnet sind oder seine Predigten oder Ansprachen gehört haben, waren von ihm tief beeindruckt, von seiner einfachen Sprache berührt, fühlten sich durch ihn bewegt und getröstet, erlebten seine Worte als stimmig, aus seiner Mitte heraus gesprochen, zutreffend für sie selbst. Seine Worte und sein Handeln wurden als übereinstimmend erlebt. *Vielleicht ist es doch dies, dass hier einer selbstverständlicher, als es manchem gegeben ist, lebt, was er in Jesu Namen zu sagen hat.* (Askani, zit. nach Collmer, 1976, S. 21) Oder, wie es Ulrich Mann, einer seiner Freunde aus dem Bund freies Christentum ausdrückte, zwischen dem Sprecher und dem Glaubenden bestand *eine selbstverständliche Einheit.*

Hinzu kamen sein Verständnis, sein Mitgefühl und seine Freundlichkeit im Umgang mit Menschen, deren Anschauungen oder Positionen er nicht teilte. Ein Chefredakteur des Süddeutschen Rundfunks: *Die Fähigkeit, einen außerordentlich entschiedenen Standpunkt zu haben, aber keinen Gegner, habe ich bei keinem Menschen so wie bei ihm gefunden* (Collmer, 1976, S. 47). Auf Feindschaft jeglicher Art habe er verzichten können. *Als dieser Mensch, der keine Feinde, aber überall Zeichen des göttlichen Geistes sah, war er ein Genie der Freundschaft.* (Zink, zit. nach Collmer, 1976, S. 16)

5. Die Verbindung zur inneren Führung

Daurs Charisma beim Umgang mit Menschen war das Ergebnis der Verbindung zu seiner „inneren Führung".

> Wir können gar nichts tun, als uns diesem schöpferischen Wort (Gottes) öffnen …, dass wir nicht mehr aus uns selbst leben, aus unseren Gedanken, Meinungen, Wünschen und Absichten, sondern dass wir Organe Gottes werden, uns von ihm führen lassen, dass wir ihm zur Verfügung stehen, wie er uns brauchen will in seinem Dienst.
> Daur, 1964, S. 175

Für ihn selbst war Christus der innere Führer, doch es war für ihn selbstverständlich, dass andere Menschen ihren inneren Führer anders erlebten und bezeichneten.

> Wenn er (der Mensch) aber der höheren Weisheit traut und ihr alles anheimstellt, dann wird's immer wieder recht. … Je

Foto: Njay (AdobeStock 363525999)

länger je mehr habe ich eingesehen, dass man den rechten Weg dann am besten findet, wenn man gehorsam ist für die rufende, weisende Stimme.
Daur, 1964, S. 188 f.

Das Horchen auf den *lebendigen Christus im eigenen Inneren* wurde für ihn zur alltäglichen Gewohnheit. *Nur wer zum Horchen, zum Umdenken und Neuanfang bereit ist, wird für Gottes Wort empfänglich sein* (Daur, 1978, S. 51). Er befolgte also einen meditativen, einen mystischen Weg des Horchens nach innen, der Hingabe an Gott und der Liebe zu den Menschen. Das *innerste Einswerden mit Jesu Wesen und Wollen* waren für ihn Weg und Ziel. Die Stille, das Alleinsein, die Natur, die Musik unterstützten ihn dabei, den Zugang zu Gott in seiner eigenen Tiefe zu finden und darin zu verweilen. *Wir müssten vor allem stiller werden, schweigen lernen, lauschen auf das göttliche Wort.* Sich von diesem leiten zu lassen, war für Daur nicht gleichbedeutend damit, Bibel zu lesen oder in den Gottesdienst zu gehen, sondern er meinte die *persönliche Erfahrung*.

> Vom Sehen zum Hören zum Teilhaben führt der geheimnisvolle Weg derer, die berufen sind, dem Christus zu begegnen, den Sinn ihres Lebens, ihr wahres Selbst zu finden.
> Daur, 1964, S. 138

Sich so nach innen zu wenden, war für ihn kein Selbstzweck. Wie beim Atmen folgte der Wendung nach innen diejenige nach außen, der Dienst an den Menschen: *Allen Bruder sein, ist seit er (Jesus) erschienen, Ziel allein*, so heißt es in einem von ihm gerne zitierten Gedicht.

Auf diese Weise nahm Daur das Korntaler Erbe auf, die Liebe zu Jesus, in der Tradition der von ihm stets „Väter" genannten schwäbischen Pietisten des 18./19. Jahrhunderts. In gewissem Sinne war er jedoch radikaler als diese. An die Stelle der in der nahen Zukunft erwarteten Wiederkehr Christi galt für ihn, dass die Zeit *jetzt* erfüllt ist. *Er ist jetzt da, schon gekommen* (Daur, 1964, S. 104). Denn in jedem Moment sei der Mensch vor die Entscheidung gestellt, in sich auf den Willen Gottes, auf seine innere Führung zu horchen und ihn in die Tat umzusetzen.

> Darauf muss unser Herz gerichtet sein, dass sein Reich, das Reich des Friedens und der Wahrheit, der Gerechtigkeit und der Brüderlichkeit kommt, dass sein Wille geschieht, auch bei uns und durch uns.
> Daur, 1964, S. 144

6. Die Offenheit zur Welt

Eine rückhaltlose, auf manche kindlich wirkende Offenheit und Bereitschaft zu einem echten Dialog zeigte Daur im Gespräch mit anderen Menschen. Dies galt auch für seine Tätigkeit in Beruf und Gesellschaft. Bemerkenswert und ganz unüblich für die Kriegs- und Nachkriegskirche, die mit einer Haltung von Agoraphobie auf die Wiederherstellung ihrer Macht und auf Abgrenzung bedacht war, ließ

Der Brückenbauer, der die Verbindungen suchte (rechts:
Großer Betsaal der Brüdergemeinde Korntal, erbaut 1819) (wikimedia)

Daur die Kirchenmauern hinter sich und lebte Offenheit zur Welt. Zink fasst es so zusammen:

> Immer war der Vorgang charakteristisch der gleiche: Ein Einzelgänger, ein nicht völlig ernst genommener Theologe, ein Frevler an den kirchlichen Ordnungen, ein Vermischer christlicher und politischer Dinge tat irgendetwas nach seiner Einsicht und seinem Gewissen, und zehn, zwanzig oder dreißig Jahre später ist es Gemeingut.
> Zink, 1992, S. 169

In der Kirche war es zwar üblich, Kontakt zu „Sündern" und Andersgläubigen aufzunehmen, aber eher, um Menschen anderer Anschauungen zu bekehren, als um einen gleichberechtigten Dialog mit ihnen zu führen. Daur jedoch ging es um einen Dialog auf Augenhöhe, nicht um wechselseitige Monologe; vielmehr darum, die Welt und sich aus dem Blickwinkel der anderen sehen zu lernen. In einem persönlichen und brieflichen Austausch stand er mit einer Vielzahl von Theologen, Wissenschaftlern, Politikern, Künstlern, Ärzten und Psychotherapeuten, auch wenn sie andersgläubig waren. Selbstironisch entdeckte er in sich selbst „heidnische" Tendenzen. Das im Hinduismus Ahimsa genannte Gebot, Tiere nicht zu verletzen, und Gandhis gewaltloser Widerstand bestärkten ihn als Vegetarier und Pazifist. Und vom Zen-Buddhismus empfing er Anregungen zur Meditation. Beim Aufbau des Reich Gottes fühlte er sich mit allen Menschen verbunden, die Liebe und Gerechtigkeit verwirklichen wollten, ganz unabhängig davon, ob sie Christen waren.

Rudolf Daur sah in sich einen Mann des „und", der die Verbindungen suchte, den Brückenbau: Himmel und Erde, Korntal und die Welt, liberale und fundamentalistische Theologie, evangelische und katholische Kirche, Christentum und Atheismus, Kirche und Sozialdemokratie, die Fraktionen in der Synode; und last not least die Gemeinschaft Arzt und Seelsorger. Brücken zu bauen zwischen Menschen verschiedener Konzepte, das war gewissermaßen sein Markenzeichen. Dabei suchte er allerdings keinen Kompromiss, bei dem er allen irgendwie recht gab, sondern eine Synthese im besten Sinn des Wortes. Bei einer Predigt zur Auferstehung Christi z. B. benannte er die Wege zweier verschiedener theologischen Lager, äußerte Verständnis für ihre Anliegen, aber bezeichnete beide als falsch. Entscheidend sei die *Erfahrung* Christi als Weg aus Angst und Verzweiflung – also immer wieder die Erfahrung des inneren Christus, durch die er sich leiten ließ.

7. Das freie Ich

Die Entwicklung eines freien Ich, das sich nicht nach den Erwartungen anderer Menschen ausrichtet, auch nicht nach Dogmen, Regeln oder Lehrsätzen, galt ihm als das wichtigste Ziel der Persönlichkeitsentwicklung. *Ich meine, darauf komme es an, dass wir den Menschen Mut machen zu sich selbst* (Daur, zit. nach Bitter, 1956, S. 180). Er predigte dies nicht nur, sondern er lebte es.

> Ich habe erkannt, dass ich mich niemand an die Rockschöße hängen dürfe, dass ich ganz meinen eigenen inneren und äußeren Weg gehen müsse.
> Daur, zit. nach Collmer, 1976, S. 34

Der Kirchenleitung gegenüber zeigte er sich oft unabhängig und ungewöhnlich mutig, und er hielt unbeirrt an seinen Überzeugungen fest: 1919 nahm er Verbindungen zur Sozialdemokratie auf; in den Dreißigerjahren setzte er sich für die Ordination von Pfarrerinnen ein; 1933 kritisierte er in einem Brief an die Kirchenleitung die Diskriminierungen von Sozialisten und jüdisch-stämmigen Pfarrern (!); 1938, nach der sogenannten Sudetenkrise, forderte er vergeblich den Landesbischof auf, *in den Völkerhass hinein ein klares, deutliches, unerschrockenes Mahnwort zum Frieden zu sagen* (Hauff, 1998, S. 49); 1946 ließ er einen katholischen Priester von seiner evangelischen Kanzel herab predigen; und später weigerte er sich, die Konfirmanden vor der Gemeinde öffentlich zum Katechismus zu befragen. Immer wieder wurde er von der Kirchenleitung vorgeladen und zur Rede gestellt, oft hätte es den einsamen Rufer fast den Job gekostet. Er ließ sich jedoch nicht umstimmen, hatte auch immer wieder gewichtige Fürsprecher. Dabei war er kein Barrikadenkämpfer, und seine Predigten waren auch frei von Tagespolitik. Er sah sich in seiner Haltung gegenüber *der menschlichen Institution Kirche* in der Nachfolge von Waldensern, Katharern oder Giordano Bruno. Als dies noch nicht üblich war, verglich er Luthers antisemitische Reden mit der Sprache von Julius Streicher, und er kritisierte die evangelische Kirche, in der es nicht nur während der NS-Zeit, sondern auch davor und danach üblich war, die Kirche, also den Glauben, mit Waffengewalt verteidigen zu wollen.

> Die Kirche, die durch Kasernen, durch Panzer und Bomben geschützt wird, ist nicht die Kirche Jesu Christi, sondern die Kirche ... des Antichristen, trotz des Kreuzes auf ihrem Dach.
> Daur, 1964, S. 151

Auch seine Konfirmanden lehrte er diese Freiheit eines Christenmenschen, sich nicht durch Mauern einengen zu lassen und den eigenen Weg zu gehen. Auch von ihm als Seelsorger oder Lehrer sollten sie unabhängig werden.

Die Weite seines Geistes und die persönliche Bescheidenheit waren ihm nur möglich durch die andauernde *Erfahrung,* dass in ihm Christus als sein innerer Führer lebendig ist. Was für ein Kontrast, gerade auch zur NS-Ideologie des „ein Reich – ein Volk – ein Führer"! Aus solcher Verankerung nahm er die innere Gewissheit und den Mut, auch „anders" zu sein als Menschen um ihn herum, auch als die Vorgesetzten oder die staatlichen Autoritäten. Oft lächelte er nur verständnisvoll, wenn jemand ihm sein Anderssein vorhielt; wenn er sah, dass dieser durch Konventionen, Lehrsätze, Dogmen, Regeln oder Emotionen eingeschränkt war, die er vielleicht selbst früher geteilt, aber in seinem lebendigen Glauben überwunden hatte. Stieß er auf Ablehnung, vermied er es, sich durch Argumente zu verteidigen.

Für Rudolf Daur war das „Leben im freien Geist", in Verbindung mit der Herzensfrömmigkeit das persönliche Ziel. Er hat es überzeugend gelebt. Dieser freie, in Christus ruhende Geist hat auch Wegbegleiter wie Theophil Askani und Jörg Zink tief beeindruckt und geprägt, auch wenn sie manche seiner Ansichten nicht teilten.

8. Die Transformation des Menschen und der Welt

In dieser Bezogenheit auf Christus, die uns unser wahres Selbst finden lässt, findet nach Daur eine grundlegende Transformation des menschlichen Wesens statt, entwickelt sich der neue Mensch. Hierzu bedürfe es der Entwicklung eines großen, freien Ichs, einer freien und unabhängigen Persönlichkeit. Aber auch dieses freie Ich müsse in den Prozessen des Sterbens überwunden, hingegeben werden. All diese Prozesse seien ein Ergebnis persönlicher Erfahrung. Die Eigenschaften des neuen, göttlichen Menschen, nämlich Liebe und Gerechtigkeit, zu verwirklichen, darin bestehe *der Sinn des menschlichen Lebens*, des Einzelnen und der Menschheit insgesamt.

Das Reich Gottes, dessen Verwirklichung bereits begonnen habe, fasse diese neuen

Menschen gewissermaßen zusammen. Jesus wolle uns herausführen nicht nur aus der Dunkelheit der Kriege, sondern auch aus dem Reich der Moral und Religion, auch der christlichen Religion, in das Neuland Gottes, in das große Geschehen seiner Schöpfung und Vollendung. Wir befinden uns mitten im Prozess der Schöpfung, so predigte er bereits als junger Pfarrer. Über diesen neuen Menschen sprach er noch wenige Wochen vor seinem Tod:

> Ich bin zutiefst überzeugt, dass dieser neue Mensch die eigentliche, wesentliche, unzerstörbare Wirklichkeit und Wirkenskraft ist.
> Daur, 1978, S. 14 f.

Dass er in uns wächst, ist ihm Ziel des Lebens. Und er ist sich dessen gewiss, dass diese Entwicklung im Einzelnen und im Gesamten tatsächlich geschieht. *Dass Jesus siegt, bleibt ewig ausgemacht,* heißt es in dem Lied von Blumhardt, einem seiner geistigen Lehrer. Dies gelte für die Entwicklung der ganzen Welt und des einzelnen Menschen, der in sich das Lebendigsein Christi erfahre und die Kraft zu Taten der Liebe. Rudolf Daur ist diesen Weg gegangen. Auch in dieser letzten Predigt schließt er jedoch Angehörige anderer Weltanschauungen ausdrücklich mit ein, um an der Entwicklung des neuen Menschen und des Reich Gottes, der neuen Welt, die sich aus diesen Menschen aufbaut, mitzuwirken. Er schildert dies in Analogie zum Kommunismus und Buddhismus. Das *Leben im freien Geist* enthalte nicht nur einen Weg. Den göttlichen Geist, der den neuen Menschen und die neue Welt hervorbringt, sieht er überall am Werk.

Eine solche grundlegende Transformation des Menschen setzt nach Daur einen Prozess der Umkehr voraus.

> Zu einer bis an die Wurzel vordringenden Umsinnung aufzurufen, war immer mein wesentlichstes Anliegen.
> Daur, 1964, S. 7

Diese Umkehr solle sich nicht nur auf äußerliche Dinge beziehen. Dazu gehöre es, die eigene Schuld klar zu erkennen, einzusehen, demütig zu bekennen, und den Bruder, an dem wir schuldig geworden sind, um Vergebung zu bitten. Nur das befreie. Das gelte für die Entwicklung des einzelnen Menschen, aber auch für den Umgang mit der schweren Schuld unseres Volkes an den anderen Völkern während des Krieges. Ohne Vergebung, wenn wir die Schuld verdrängt haben, würden wir sie nach außen projizieren auf einen Sündenbock oder Feind. Nur wenn wir die Schuld so bekennen, uns unter ihr beugen, nur dann könne sie uns zum Heil werden. Eine solche Umkehr ist also eine Angelegenheit auch der Gemeinschaft.

> Wer nicht bereit ist als Glied seines Volkes sich mitverantwortlich zu wissen für das, was in diesem Volk und von ihm gefrevelt worden ist, der wird auch nicht teilhaben an der positiven Frucht der Schuld und der Vergebung.
> Daur, 1964, S. 250

Daraus erwachse Zurückhaltung im Urteil über andere, selbst über die Verbrecher von Auschwitz.

9. Rudolf Daur und wir Psychotherapeut:innen

An dieser Stelle könnte es angebracht sein, beim Lesen eine Pause zu machen und zu reflektieren, was das Vorbild der Persönlichkeit von Rudolf Daur und seine Lehren für die eigene Person und die Tätigkeit als Psychotherapeut:in bedeuten, welche Konsequenzen sich daraus ergeben. Er selbst hat öffentlich nur vereinzelt über Psychotherapie gesprochen.

Die Psychotherapie sah er wie die Seelsorge eingebettet in den grundlegenden Wandel des Menschen, des ganzen Menschen in seinen materiellen, sozialen und spirituellen Bezügen. Die Befriedigung der Bedürfnisse nach Nahrung und Seife z B. kommen seiner Ansicht nach vor dem seelsorgerlichen Gespräch. Dass Psychotherapie notwendig ist, um Ängste, auch ekklesiogene Neurosen, zu behandeln, war ihm selbstverständlich; auch dass sie die spirituellen Ressourcen eines Menschen unterstützen kann. Der christliche Glauben war für ihn weder Ziel noch Voraussetzung für eine gelungene Psychotherapie.

Das Ziel der Psychotherapie sah er vielmehr in der Entwicklung eines freien Geistes, um *die Freiheit zu gewinnen, nach der unsere Seele sich sehnt* (Daur, 1978, S. 52). Etwas allgemeiner ausgedrückt: Psychotherapie soll dabei unterstützen, sich auf das eigene Selbst zu besinnen und daraus zu handeln. Über Methoden, wie ein grundlegender Wandel erreicht werden kann, sprach er nicht, ließ jedoch Sympathien für die Jung'sche Psychotherapie erkennen. Wir können daher nur das Vorbild betrachten, das er selbst uns als Seelsorger gibt. Vielleicht hoffte er, eher stillschweigend, dass die Psychotherapeut:innen seiner Botschaft folgen und in einer andauernden Verbindung mit ihrer inneren Führung verweilen, während sie sich ihren Patient:innen zuwenden.

Rudolf Daur hat keine besonderen Methoden der Seelsorge entwickelt, sondern hat in erster Linie durch seine Persönlichkeit gewirkt. Er war bestrebt, die Menschen mit offenem Herzen und weitem Blick anzusehen und sich dabei die Frage zu stellen: Was braucht dieser Mensch wirklich, bezogen auf seine subjektiven Bedürfnisse in der jetzigen Lebenssituation, aber auch bezüglich seiner Entwicklung zu einem vollkommenen Menschen? Er war also um eine klare eigene Erkenntnis bemüht. Dann drückte er tiefes Mitgefühl und Trost aus für das Leid, und er richtete die Aufmerksamkeit auf das, was im Sinne einer positiven Entwicklung möglich sein könnte. Er suchte den Zugang zugleich zum tiefsten Grund des Menschen und zu seinem höchsten Ziel. Die Hoffnung und Begeisterung darüber, dass sich der Mensch und die Gesellschaft positiv und grundlegend verändern können und werden, begründeten seinen Erfolg.

Manchem Leser oder mancher Leserin ist wahrscheinlich bewusst geworden, dass Daurs Botschaften eingebettet sind in die Geistesgeschichte des 20. Jahrhunderts, u. a. in die der Spiritualität, der Theologie und der Psychotherapie. Dies kann hier nicht ausgeführt werden. Aber im Blick zurück könnte vielleicht Dankbarkeit entstehen für Rudolf Daur und andere Vorreiter und Weichensteller, denen wir es verdanken, wie wir und unsere Welt geworden sind, trotz aller Brüche, Traumata und Katastrophen des letzten Jahrhunderts. Die Psychotherapie ist in diese Entwicklung vielfältig einbezogen, und sie hat zu ihr wichtige Beiträge geleistet

Literatur

Von Rudi Daur gibt es zwei Bände von Predigten und Ansprachen. Sie sind 1964 und vermutlich 1978 (o. J., aus dem Nachlass) erschienen und umfassen den Zeitraum zwischen 1928 und 1976. Theophil Askani und Jörg Zink sind wichtige Wegbegleiter. W. Bitter war der Herausgeber der Berichte von den Jahrestagungen der Gemeinschaft Arzt und Seelsorger.

Bitter, W. (Hrsg.) (1956): Die Wandlung des Menschen in Seelsorge und Psychotherapie. Göttingen.

Collmer, W. (Hrsg.) (1976): In Memoriam Rudolf Daur. Stuttgart.

Daur, R. (1964): Die Zeit ist erfüllt. Predigten. Stuttgart.

Daur, R. (o. J., 1978): Wie im Himmel so auf Erden. Predigten und Ansprachen. Aus dem Nachlass herausgegeben von Elisabeth Daur. Stuttgart.

Hauff, M. (1998): Theophil Askani. Stuttgart .

Zink, J. (1992): Erinnerungen. Sieh nach den Sternen – gib acht auf die Gassen. Stuttgart.

Joachim v. Luxburg
Dr. phil., Dipl. -Psych., Studium der Theologie und Psychologie, niedergelassener Psychotherapeut und Lehrtherapeut. Im Ruhestand in Ammerbuch.

Neruda – ein changierendes Spiel zwischen Realität und Fiktion
Ein Film von Pablo Larraín (2017)

Dieter Volk

für Sie gesehen

Unvergesslich der Film *Il Postino (Der Postmann)*, jene charmante Komödie aus dem Jahr 1994, in der Michael Radford die Geschichte um eine ungewöhnliche Männerfreundschaft erzählt, die Freundschaft zwischen dem Briefträger Mario und dem berühmten Dichter Pablo Neruda. Eine bittersüße Geschichte um Liebe und Poesie und um deren verzaubernde Macht, die Neruda in einem äußerst freundlichen Licht zeigt. Ganz anders hat sich 2017 der chilenische Filmemacher Pablo Larraín der Person des Poeten in seinem Film *Neruda* angenommen.

Über viele Jahre hat sich Larraín mit der Geschichte seiner Heimat Chile beschäftigt. In seinen frühen Filmen *Tony Monero* (2008), *Post Mortem* (2010), *No* (2012) setzt er sich intensiv mit der Zeit der Militärdiktatur unter Augusto Pinochet auseinander. Für seine antiklerikale Tragikomödie *El Club* erhielt er 2015 auf der Berlinale den Großen Preis der Jury.

Inzwischen hat sich der Regisseur dem Genre der Filmbiografie zugewandt. 2016 entstand *Jackie – die First Lady* (mit Natalie Portman), sein erster englischsprachiger Film, dem 2021 *Spencer* (mit Kristen Stewart als Prinzessin Diana) folgte. In beiden Filmen versucht er, sich biografisch dem Leben dieser Frauenfiguren zu nähern, indem er vor allem von der Vergänglichkeit von Macht und Glamour erzählt und die Verlorenheit und Verzweiflung, aber auch die Rebellion der Protagonistinnen zeigt.

Den ungeschriebenen Regeln des Genres folgend erzählt Larraín in beiden Filmen in fiktionalisierter Form das Leben geschichtlich belegbarer Figuren von durchaus gesellschaftlicher Relevanz, wobei er, auch hier wieder den „Kriterien" des Biopic entsprechend, Lebensabschnitte der dargestellten Berühmtheiten filmisch zusammenfügt.

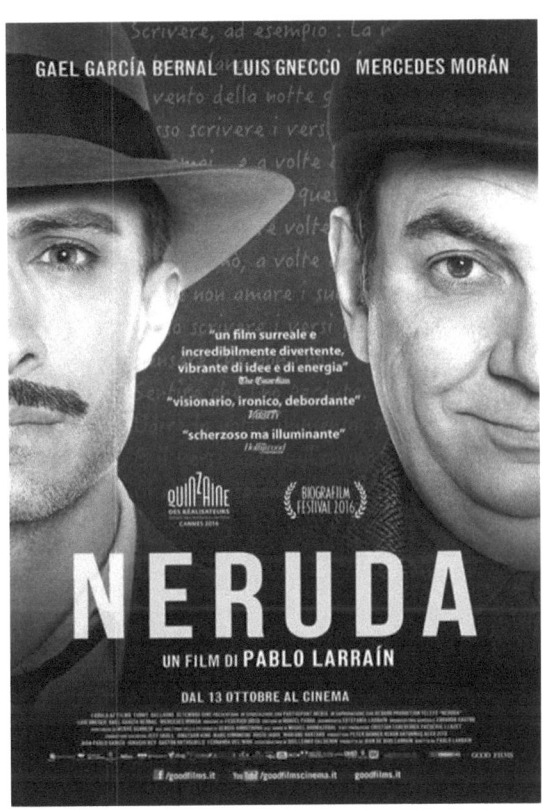

Ein „Anti-Biopic"

2017 entstand Larraíns Film *Neruda*, ein Film über den chilenischen Dichter und Politiker Pablo Neruda (1904-1973), der für viele als die dichterische Stimme Lateinamerikas steht und der 1971 mit dem Nobelpreis ausgezeichnet wurde. Neruda gilt als Schöpfer ausdrucksstarker Liebesgedichte (*20 Liebesgedichte und ein Lied der Verzweiflung*), aber auch surrealer Traumpoesie. Nicht zuletzt wird er für seine sozialpolitisch und historisch engagierte, kämpferisch links positionierte Lyrik geschätzt. (Sein opus magnum *Canto General, Der Große Gesang* – ist sowohl eine epische Kosmografie des lateinamerikanischen Kontinents als auch eine Ode an die einfachen und armen Menschen.)

Obwohl Larraín in seinem Film ebenfalls einen Ausschnitt aus dem bewegten Leben des Dichters zeigt, bezeichnet er dieses Werk als „Anti-Biopic". Dies wohl deshalb, um zu vermeiden, dass seinem Film dokumentarischer Charakter unterstellt wird. In der Tat ist der Streifen weniger ein Portrait des berühmten Dichters und Kommunisten, eher ein Film in seinem Geist. „Wir wollten eine Welt erfinden, so wie Neruda sich die seine erfunden hat … Wir wollten einen Roman erzählen, von dem wir gerne hätten, dass Neruda ihn mit Vergnügen liest", erklärte der Regisseur bei der Vorstellung seines Werkes.

Schon die ersten Bilder des Films unterstreichen dieses vielschichtige, changierende Spiel zwischen Realität, Fiktion und Unwirklichem, oft Abstrusem: Ein Raum im chilenischen Senat, prunkvoll wie ein Salon. Die Senatoren, zumeist Vertreter der chilenischen „Aristokratie", der Reichen und Mächtigen, honorig versammelt, rauchend und über Nerudas kommunistische Haltung und seine plebejische Herkunft lästernd. Dann der Auftritt des Dichters und Senators Pablo Neruda (Luis Gnecco), jovial die Schar bewundernder Journalisten grüßend und offensichtlich sich seiner Wichtigkeit bewusst. Jedoch gesellt er sich nicht zu seinen Kollegen, sondern geht zu einer Wand, an der Pissoirs angebracht sind und erleichtert sich, währenddessen er sich auf einen klassenkämpferischen Disput einlässt und eine Schmährede auf den Präsidenten Gonzalez Videla hält. Eine Eingangsszene mit symbolhafter Aussagekraft, sie amüsiert und irritiert: Ein repräsentativer Senatorensalon? Eine absurd-pompöse Toilette? Oder gar beides? So oder so, bevor die Geschichte sich entfaltet, ist man bereits eingestimmt auf den Stil dieses Films, eines Films voller Brechun-

gen, seiner Lust an der Fiktion, an Ironie und lakonischem Humor, seiner Freude an surreal-symbolischen Momenten.

Trotz ihrer Surrealität gibt diese Szene jedoch einen Hinweis auf die scharfen Attacken des Dichters auf die repressive antikommunistische Politik des chilenischen Präsidenten im Jahr 1948, die für Neruda in der Folge zum Verlust seiner Immunität führt. Um einem Haftbefehl zu entgehen, muss er zusammen mit seiner Frau Delia del Carril (Mercedes Morán) für ein Jahr in den Untergrund abtauchen.

Kein Heldenepos

Larraín macht aus der Verfolgung nun aber kein überbordendes Heldenepos. Als ob er am Mythos des chilenischen Nationalpoeten, dieser Ikone, kratzen wollte, wird der Dichter als bunt schillernde Figur gezeichnet, als ein Mann, der seinen Ruhm genießt, als selbstverliebter Genussmensch mit einer Vorliebe für Frauen, Wein und Poesie – als Salonkommunist, bekannt für seine Schalkhaftigkeit. Daraus kann keine geradlinige Handlung werden, vielmehr wird eher ein Versteckspiel erzählt, eine oft skurrile Katz-und-Maus-Geschichte, in welcher der Protagonist eine diebische Freude am Entkommen hat, ein Abenteuer, unkonventionell und immer wieder verwirrend. Und in der Tat hatte dieser Bonvivant und Kindskopf eine Vorliebe für Kriminal- und Spionageromane, weshalb Larraín ihn seine Flucht als Häscherdrama mit literarischem Witz inszenieren lässt.

Klar braucht es dazu einen Gegenspieler: Kommissar Peluchonneau (Gael García Bernal, *Die Reise des jungen Che; No*), der den Auftrag hat, den Dichter aufzuspüren. Mit Schlapphut und Menjou-Bärtchen an eine Comicfigur erinnernd, könnte er auch einem Film noir entsprungen sein. Als Sohn einer Kurtisane wittert er die ersehnte Aufstiegs-

chance. Vor Ehrgeiz glühend und sich immer überschätzend, ist er seiner Aufgabe nicht im Geringsten gewachsen. Lang ist von ihm im Geschehen nichts zu sehen. Nur eine Stimme aus dem Off ist zu hören, die in der Folge das filmische Geschehen mit meist kritischen und herablassenden Anmerkungen erzählend begleitet.

Als Neruda eines seiner legendären Kostüm- und Künstlerfeste feiert, sich als Lawrence von Arabien verkleidet und sein berühmtes Gedicht *Puedo escribir los versos más tristes esta noche* – „ch könnte die wehmütigsten Verse schreiben in dieser Nacht ... mit gewohnt großem Pathos rezitiert, kommentiert diese Stimme abfällig: „Wie peinlich, dieses Bauernschulgedicht vorzutragen, geschrieben vor über zwanzig Jahren", um sarkastisch zu ergänzen: „Viele Frauen glauben, er mache Liebe mit einer Rose zwischen den Zähnen und springe danach auf, um ein von ihnen inspiriertes Gedicht zu verfassen." Sodann bemerkt er über das Publikum des Dichters – Künstler und Intellektuelle: „Sie wissen nicht, wie es ist, auf dem Boden zu schlafen. Aber sie sind alle Rote." Erst nach 15 Minuten kann man die Stimme dem Polizisten zuordnen, als er verkündet: „In diesem Haus wird gleich eine sagenhafte Jagd ihren Anfang nehmen!"

„Eine wilde Jagd"

Neruda wird von seinen Genossen über die drohende Gefahr informiert. Sie legen ihm nahe, sich durch Flucht seiner Verhaftung zu entziehen, doch der Dichter zweifelt ihren Rat an. Überzeugt von seiner Größe und Bedeutung kann er sich nicht vorstellen, „mich unterm Bett zu verstecken". Dann jedoch findet auch er Gefallen an der Vorstellung, dass es „eine wilde Jagd geben muss".

Und so wird die Geschichte dieser „fabelhaften Verfolgung", einer „wilden Jagd" erzählt, wobei deutlich wird, dass Neruda nie recht an eine drohende Gefahr glaubt, weshalb er auch nicht seine Gepflogenheiten ablegt. Bietet sich etwa die Gelegenheit zu einem Bordellbesuch oder an einer Orgie teilzunehmen, ergreift er die Gelegenheit. Immer wieder wundert man sich über die dekadent-großbürgerlichen Anwandlungen des glühenden Kommunisten, über seine Verführbarkeit, seinen Hang zu Luxus und Bequemlichkeit, oft gepaart mit überheblich zynischen Äußerungen: „Hygiene ist eine bürgerliche Tugend", und „Dass wir nicht putzen, hat politische Gründe", bescheidet er einem Genossen, der ihm Unterschlupf gewährt hat.

Geschickt legt Larraín die Spur aus, Neruda als Protagonisten darzustellen, der das Theaterstück, das Drehbuch der Geschichte, gewissermaßen selbst schreibt – und dazu noch die Regie führt. Zunehmend wird deutlich, dass selbst sein Gegenspieler Peluchonneau eine Figur ist, die „durch die Worte des Dichters erschaffen wird", wie es heißt.

Eine meisterhaft entworfene Schattenfigur, mit deren Hilfe der Film die Möglichkeit erhält, sich einer komplexen Persönlichkeit wie der Nerudas anzunähern. Der Detektiv scheint sich in dessen Gedanken vorzüglich auszukennen. Er erfasst alles: Neruda als Politiker, als Poet, als Liebhaber, Feiernder und Emigrant. Dennoch oder vielleicht gerade deshalb kann er den Gejagten in der Realität nicht zu fassen bekommen.

„Ich fordere Strafe"

Dieses Katz-und-Maus-Spiel, das Artifizielle der Inszenierung, unterbricht Larraín immer wieder durch konzentriert-ernsthafte Momente. Wenn er zeigt, wie Arbeiter brutal verhaftet und verhört, wie vermeintliche Kommunisten ins Lager gebracht werden, in welchem bereits der spätere Diktator Pinochet Kommandant ist, dann sind solche Szenen nicht mehr in diffuses Gegen- oder Zwielicht getaucht, sondern sind jetzt glasklar gezeichnet und dazu noch untermalt vom insistierenden Refrain „Ich fordere Strafe" aus dem Gedicht *Die Feinde*.

Nicht mehr Nerudas frühe Gedichte rücken nun in den Vordergrund, sondern solche aus dem Werk, welches er während seiner Flucht zu Ende und unter die Leute bringt – dem *Canto General*. Seine Verse erreichen die Menschen; Unter der Hand besorgen sie sich die Texte. Sie lieben sie, weil diese Zeilen ihr elendes Dasein beschreiben und ihrem Leben Würde verleihen.

In Windeseile wird der *Canto General*, diese poetische Enzyklopädie, zum Oratorium der Arbeiterklasse Lateinamerikas. „Er könnte ein Stück Papier aus der Tasche ziehen, und zehntausend Proletarier würden still sein, um ihn zu hören, wie er seine Poesie liest, mit seiner eigenen Stimme", erkannte schon bald der um seine Macht fürchtende Präsident, als er dem Kommissar die Wichtigkeit seines Auftrags erklärt. Und so verweilt der Film nicht mehr nur beim Poeten als Hallodri, der einen oft schmunzeln, aber auch zweifeln, ja verzweifeln lässt.

Larraín gelingt es nun, die Wirkmacht von Nerudas Poesie zu zeigen. Nicht von ungefähr heißt es, die mobilisierende Kraft und die Stärke seiner Dichtkunst beruhe darauf, dass sie als Gegensprache zum Faschismus wirke, als Gemeingut, das niemand ausschließt, er sei ein Dichter der einfachen Leute, ein Poet der Unterdrückten.

„Diese Worte gaben ihren Albträumen einen Sinn. Sie zitieren ihn, wenn die Geschichte sie mit Füßen tritt", bemerkt der Detektiv treffend. Denn zunehmend hat der Kommissar ein Gespür für Nerudas Verse entwickelt. Er ist nun nicht mehr der sarkastische Kommentator, sondern wird zum einfühlsamen Begleiter und Erklärer des Geschehens.

Showdown in den Anden

Nach vergeblichen Versuchen, außer Landes zu kommen, entschließt sich der Dichter zur Flucht nach Argentinien. Der erfolgversprechendste, aber äußerst gefährliche Weg führt über den Süden. Dort soll Neruda mit Hilfe von Schmugglern zu Pferd durch die Wälder Araukaniens und über die schneebedeckten Gipfel der Anden gebracht werden.

Nicht allzu verwunderlich, dass Larraín das hakenschlagende Verwirrspiel in seiner Fülle an Überraschungen und Genreanleihen gleichsam zwingend in ein Ende nach Western-Art münden lässt, zu welchem natürlich ein Showdown im Andenschnee gehört.

Nicht nur durch das Western-Finale ist das letzte Kapitel dieser „wilden Jagd" beeindruckend in Szene gesetzt. Vielmehr bekommt die Geschichte eine wunderbare Wendung: In der imposanten Bergwelt sind jetzt Bilder zu bestaunen, nicht mehr fotografiert in der Art des Film noir, sondern leuchtend hell und klar – geradezu eine spirituelle Atmosphäre, feierlich untermalt von Klängen Felix Mendelssohn-Bartholdys.

Und diese Schlussszenen, voller Symbolik, gehören zu den berührendsten des Films, denn in ihnen verändert sich der Fokus. Der Verfolger ist Neruda und seinen Gefährten dicht auf den Fersen. Ganz nah sind sich die Kontrahenten gekommen. Jeder weiß um die Nähe des anderen. Sie rufen sich. Als der Kommissar auf Neruda schießen will, wird er von einem seiner Begleiter niedergestreckt.

Der Dichter, jetzt freundlich ins Bild gesetzt, nähert sich der Figur, die ihn „gejagt", aber nie zu fassen gekriegt hat. Es scheint, als könne er nun voller Empathie seinen Verfolger und „Schattenbruder" annehmen, auch dieser Jäger und Gejagter, Underdog und Großhans wie er. „Ich kenne ihn. Er ist mein Kommissar, mein Verfolger, mein Phantom in Uniform. Ich träume von ihm, und er träumt von mir."

Oft hat Peluchonneau, diese tragische Figur, sich danach gesehnt, der Protagonist des Geschehens zu sein und nicht nur dessen Nebendarsteller. Wie durch ein Wunder: Vom Geist und von der Kraft der Poesie erfüllt, erwacht er zum Leben. Neruda hat dessen sehnlichsten Wunsch erfüllt und ihn, den Namenlosen, beim Namen genannt. Und die Stimme aus dem Off, immer noch nicht verstummt, jubiliert: „Du hast meinen Namen gesagt. Ich bin keine Nebenfigur … Ich war aus Papier, nun bin ich aus Fleisch und Blut."

Peluchonneau muss zur Hauptfigur werden, denn in ihm verkörpert sich der typische einfache Leser, der sich mit all seinen Gefühlen und Problemen in des Dichters Werk wiederfindet und erkennt und dessen Leben dadurch Bedeutung erhält.

Larraíns Film hat das Monument Nerudas nicht vom Sockel gestürzt, allenfalls ein Stück weit an ihm gekratzt. Jedoch hat er die Macht seiner Sprache, die Kraft seiner Poesie spürbar gemacht. Ein sehenswertes Meisterstück, „dessen einziger Fehler ist, dass man ihn besser zweimal ansehen sollte" (Nouvel Observateur).

Neruda, ein Film von Pablo Larraín, 2017. Der Film ist als DVD im Handel erhältlich.

Dieter Volk
Analytischer Kinder- und Jugendlichen-Psychotherapeut, Dozent am C. G. Jung-Institut Stuttgart. Dort Initiator der Veranstaltungsreihe „Film im Keller".

Gert Sauer

80 Jahre

Lieber Gert,

nachdem Du vor 46 Jahren, also 1976, als Theologe Dein Diplom am Jung-Institut in Zürich gemacht hast, bist Du bald darauf am C. G. Jung-Institut in Stuttgart Mitglied geworden und vor 25 Jahren, das war 1997, zum Lehranalytiker und Supervisor ernannt worden.

Das ist eine lange Zeit, 25 Jahre Zusammenarbeit, und Du warst in dieser Zeit sehr verlässlich am Institut präsent. Ich habe es oft bewundert, dass Du von Freiburg mit dem Zug nach Stuttgart zu einer Sitzung gefahren bist, und dachte: Toll, dass Du das machst, denn es ist wirklich ein großer Zeitaufwand!

Wenn Du da warst, warst Du ganz da. Deine Präsenz und Deine Wachheit waren spürbar in Deinen kreativen und konstruktiven Beiträgen und wurden sehr geschätzt. Deine Art, nach guten Wegen zu suchen, Polaritäten zu verbinden und Neues entstehen zu lassen, war hilfreich, gerade, wenn im Institut Konflikte zu lösen waren.

So kreativ wie Du am Institut in Erscheinung getreten bist, waren auch die Themen, mit denen Du Dich beschäftigt hast. Du bist als Theologe aufgebrochen zu neuen Ufern in der Analytischen Psychologie und hast über die archetypischen Themen eine Verbindung zur Religiosität und Transzendenz gehalten. So wie C. G. Jung sagte: „Die entscheidende Frage für den Menschen ist: Bist Du auf Unendliches bezogen oder nicht?"

Du hast Dich auf alle Lebensthemen eingelassen, u. a. über „Neid – Eifersucht – Rivalität", vom konstruktiven Umgang mit dem Bösen geschrieben, über die Frage nachgedacht: „Wann wird der Teufel in Ketten gelegt?" oder Dich mit dem „Traumbild Schlange" auseinandergesetzt.

Das waren nur ganz wenige Beispiele Deines überreichen Schaffens und Wissens, das Du in Seminaren und Vorlesungen weitergegeben hast, In den letzten Jahren hat Dich die Weisheit im Alter beschäftigt, so dass Du jetzt, zu Beginn Deines neuen Lebensjahrzehnts, einen gut gefüllten Werkzeugkasten für Dein Altern hast! Zudem steht Dir zum Glück Rodtraud zur Seite, eine tolle Frau, mit der Du viele Deiner Projekte umsetzen konntest.

Auch Dir, liebe Rodtraud, unser Dank für Deine hilfreiche Unterstützung von Gert!

Ernst Bloch hat in seinem Buch „Prinzip Hoffnung" das Alter als „die Zeit der Ernte" bezeichnet, und er spricht von „Kleinen Tagträumen" im Alter. Er räumt „verständige Ängste" ein und sagt: „Der Leib erholt sich nicht mehr so rasch wie früher, jede Mühe verdoppelt sich. Die Arbeit geht nicht mehr so flink von der Hand, wirtschaftliche Ungewissheit drückt schwerer als vorher." Bloch plädiert dann nicht für Askese, sondern für Lebensgenuss! Und ein anderer Tübinger Philosoph, Otfried Höffe, empfiehlt die vier „L" Laufen, Lernen, Lieben, Lachen.

Lieber Gert, das Stuttgarter C. G. Jung-Institut und wir Kolleginnen und Kollegen wünschen Dir von Herzen, dass Du im Altwerden Laufen, Lernen, Lieben und Lachen kannst! Wir danken Dir für Deine Solidarität, Dein Engagement, Deine Verbundenheit, Dein offenes Herz, und wir wünschen Dir ein gesundes, weiterhin geistig waches neues Lebensjahrzehnt!

Margarete Leibig

Christiane Lutz

80 Jahre

Ein Leben mit der Weisheit der Symbolsprache

Das Stuttgarter Jung-Institut und die vielen deutschsprachigen Jung-Gesellschaften gratulieren Christiane Lutz ganz herzlich zu ihrem besonderen Geburtstag.

C. G. Jung würde wohl zustimmen, wenn wir ihr Erwachsenenleben als ein leidenschaftliches symbolisches Leben bezeichnen würden. Ein Leben mit und für das Thema Symbolik. Die zahllosen Schüler und Schülerinnen sowie die vielen Kollegen und Kolleginnen schauen mit Erstaunen auf ihr umfangreiches bisheriges Lebenswerk.

Nach ihrem Heilpädagogikstudium in der Schweiz wurde Christiane Lutz in Stuttgart eine „freudjungsche" Tiefenpsychologin. Ihr primäres Fachgebiet ist die Kinder- und Jugendlichenpsychotherapie. Hier hat sie sich in den letzten Jahrzehnten immer wieder mit viel fachlicher Kompetenz zu Wort gemeldet.

Mit ihrem Schwerpunkt in der Analytischen Psychologie Jungs wurde und ist sie bis heute ein Glücksfall für die Tiefenpsychologie C. G. Jungs. Ihr fundiertes Theoriewissen in Verbindung mit dem einzigartig breiten Wissen zu Märchen und Mythen hat unzähligen Menschen viele Weisheitsimpulse vermittelt. Ihr Spiel auf der Tastatur der Symbolsprache (der Muttersprache der Seele) war und ist immer ein großes und eindrückliches Fest für alle, die unsere Psyche tiefgehender verstehen wollen.

Nicht zu reden von den mehr als 20 Buchveröffentlichungen, von den Jahrzehnten der Dozentenarbeit und unzähligen Vorträgen und Fachartikeln. Dazu immer wieder breite Wissensvermittlung durch Radio und Fernsehen.

Diese Arbeit als viel bewunderte Lehrerin hat natürlich ihre fundierende Basis in einer viele Jahrzehnte langen therapeutischen Praxis. Nur Gott weiß, wie viele unzählige Patienten, besonders die vielen Kinder, sie als Therapeutin erleben konnten.

Last but not least: Ihre sehr beliebten Seminarreisen zur Symbolik und Weisheitswelt der Mythen. Von ihren Traumseminaren auf der Insel Sylt inspiriert, entstanden viele wunderbare Gruppenreisen zum tiefenpsychologischen Verständnis des mythologischen Erbes der Menschheit. Es waren Seminar- und Erlebnisreisen zu den Orten, wo man den jeweiligen Mythen und deren Symbolsprache besonders nahe kommen kann. So ging es z. B. nach Ägypten, in die Türkei, nach Kreta, Italien und Norwegen.

Wir, die wir Christiane Lutz zum Anlass Ihres ganzheitlich runden Geburtstages gratulieren, danken ihr insbesondere auch dafür, dass sie uns vorlebt, wie Leidenschaft des Herzens für das Symbolverstehen und Wissensklugheit das Leben sinnvoll und erfüllt machen kann.

Wir, die Jung-Community in Deutschland, wünschen uns noch möglichst viele Jahre ihrer Mitarbeit. Wir brauchen sie!

Dieter Schnocks

Good News

Gute Nachrichten für Interessierte an der Analytischen Psychologie:

www.cgjung-forum.eu

Beim letzten Austausch der deutschsprachigen Jung-Gesellschaften im Oktober 2021, haben Anette und Lutz Müller die Idee eines neuen Projektes vorgestellt. Das **„Forum"**. Hier können sich alle paar Wochen Interessierte der Jung-Gesellschaften online zu einem Austausch treffen. Diese Idee wurde von den Teilnehmer:innen gerne aufgenommen, und das Forum startete schon kurze Zeit später.

Ein wesentlicher Punkt war bei der ersten Konferenz: Soll es eine gemeinsame Homepage aller Jung-Gesellschaften geben? Wie könnte diese aussehen? Die Gruppe hat entschieden, eine gemeinsame Homepage für alle Gesellschaften zu gestalten. Auf dieser Homepage werden alle C. G. Jung-Gesellschaften aufgeführt, sodass wir uns gegenseitig inspirieren können.

Die Zusammenarbeit zwischen den Jung-Gesellschaften kann damit lebendiger werden und ist nicht auf das einmalige, sehr wertvolle, Treffen im Herbst beschränkt. Die jeweilige Stadt angeklickt, erhalten die Suchenden Informationen zu Veranstaltungen in Stuttgart oder Berlin oder Köln, um nur drei Städte zu nennen.

- Es können Veröffentlichungen der letzten 5 Jahre im Netz gesehen werden.
- Die Themen und Titel der 45 bisherigen Jung-Journale sind angegeben, sodass Menschen, die sich inspirieren lassen wollen oder nach bestimmten Themen suchen, fündig werden können.
- Zudem gibt es auf der Homepage zahlreiche Manuskripte und Veröffentlichungen zum kostenlosen download.

- Des weiteren wird es in Zukunft eine Übersicht von Werken zur Analytischen Psychologie geben. - Das wunderbare Nachschlagewerk „Symbolonline", eine Datenbank zu Symbolen unter tiefenpsychologischer Perspektive, ist hier ebenfalls zu finden.

Diese Fundgrube „Forum" lohnt sich für Menschen, die an der Analytischen Psychologie interessiert sind, sowie für Dozenten:innen und Ausbildungskandidaten:innen.

Ein großes DANKE an Lutz Müller, der die Homepage mit Barbara Fischer verwaltet und pflegt. Barbara Fischer gestaltet in Stuttgart beim Jung-Journal schon seit vielen Jahren das Layout mit und leistet dabei wertvolle Arbeit. Auch Dir, Barbara, ganz herzlichen Dank!

Die neue Homepage der Jung-Gesellschaften, das „Jung-Forum", ist wirklich eine tolle Informationsquelle. Es wurde auch besprochen, dass die Geschichte der jeweiligen Jung-Gesellschaft mit aufgenommen wird. Diese Vorhaben zu realisieren, braucht natürlich auch Zeit! Also seien Sie nicht traurig, wenn Sie nicht gleich alles finden. Die Homepage wächst ... und wächst ...

Denken Sie daran: Das Projekt ist im Aufbau! Wenn Sie als Leser:in noch gute Ideen dazu beisteuern können, dann wenden Sie sich an Lutz Müller, er ist offen für Anregungen!

Das C. G. Jung-Forum ist eine Homepage der C. G. Jung-Gesellschaften in Deutschland, Österreich und der Schweiz.

Margarete Leibig

Lutz Müller & Anette Müller (Hrsg.)
**Quintessenz – Wozu es sich lohnt zu leben.
Band 1 – Therapeut*innen ziehen Bilanz**

Stuttgart: Opus Magnum 2020, 386 S., € 19,–
ISBN 978-3-95612-025-1

Dieses Buch ist ein erstaunliches Buch, ein besonderes, ein Glücksfall. Die Herausgeber, Lutz und Anette Müller, hervorragende Kenner und Vertreter der Analytischen Psychologie C. G. Jungs haben Kolleg*innen, Freund*innen, Autor*innen gebeten, ganz persönlich darüber zu sprechen, wofür es sich lohnt zu leben. Genauer: erstens, „was sie aufgrund ihrer Lebenserfahrungen für eine Bilanz ziehen im Hinblick auf das, wozu es sich lohnt zu leben", und zweitens, „was sie davon als wesentliche Einsichten gerne an ihre Mit- und Nachwelt weitergeben würden." (S. 9)

Es geht also um Antworten auf die Frage nach dem Sinn. Die Frage aller Fragen! Eine Frage, die sicher für viele Psychotherapeut*innen, ganz besonders jene, die geprägt sind durch die Analytische Psychologie C. G. Jungs, bei ihrer Arbeit zentral ist – wenn auch nicht explizit. Sechsunddreißig Menschen, größtenteils erfahrene Psychotherapeut*innen, haben sich aufgemacht, die gestellten Fragen zu beantworten, die ältesten über 90 Jahre alt, die jüngsten in den 1960er-Jahren geboren.

Vorangestellt ist dem Buch ein denkwürdiges Zitat Jungs: „In dem Maße als man, dem eigenen Gesetz untreu, nicht zur Persönlichkeit wird, hat man den Sinn seines Lebens verpaßt." Dieses Zitat kann als erster Versuch einer Antwort auf die im Buchtitel formulierte Frage verstanden werden. Weitere, um nur drei Kostproben zu geben: „Weil wir aus Sternenstaub bestehen", „um auszusamen", „um die Weisheit des Herzens zu suchen".

Manche der Beiträge versuchen Antwort zu geben auf die Frage nach dem Sinn „im Allgemeinen". Andere beschreiben individuelle Lebens- und Suchwege, in denen der persönliche Individuationsweg nachgezeichnet wird. Wobei sich zeigt, wie vielfältig, schillernd, umfassend Individuation ist – so vielfältig eben wie die Menschen. Wichtig in den vorliegenden Texten aber immer wieder: Liebe, Glaube/Spiritualität, Aufgaben, Natur, Kultur, Musik, Literatur, die eigenen Neigungen verwirklichen. Viele Autor*innen erwähnen dabei Texte, Gedichte, musikalische Werke, die ihnen bedeutsam waren und sind. So enthält das Buch auch eine Fülle Inspirationen für die weitere Quellen- und Schatzsuche.

Insgesamt ein gut lesbarer Sammelband, der sich für den Nachttisch eignet, zum Nachdenken und Weiterlesen anregt, vielerlei Ermutigung enthält. Ganz nebenbei vermittelt er – persönlich gefärbt – viele Facetten der Theorie der Analytischen Psychologie. Man kann gespannt sein auf die Folgebände!

Franziska Lang

Ingrid Riedel
Vom Entdecken der inneren Welt
Horizonte der Tiefenpsychologie heute
Patmos Verlag, 2022, 190 Seiten
ISBN 978-3-8436-1372-9, € 22,00

Ingrid Riedel, die bekannte und geschätzte Jung'sche Analytikerin aus Konstanz, die auch promovierte Theologin und Germanistin ist, hat ein aktuelles Buch veröffentlicht, das aufhorchen lässt. „Je schneller das äußere Lebenstempo ist und je mehr uns die Bewältigung der äußeren Welt abverlangt, desto wichtiger kann uns der Impuls zu einer Entdeckung und Erkundung der inneren Welt werden ...“

Das hat mich neugierig gemacht, und genau darum geht es auch der Autorin: Es wird dazu eingeladen, neue Wege in die inneren Welten zu suchen, Möglichkeiten im Rahmen der Tiefenpsychologie freizulegen und Neues zu entfalten. Dabei fasst sie die Tiefenpsychologie wohltuend weit: „Zur ,Tiefenpsychologie‘ gehören all die psychologischen Richtungen, die von einer Tiefendimension der menschlichen Psyche ausgehen, die das Tagesbewusstsein transzendiert, einer Dimension, die in den Träumen der Nacht, aber nicht nur in ihnen, erfahrbar wird, einem Bereich, den man das Unbewusste nennt. Einem Bewusstsein, das sich dieser Dimension der Psyche öffnet, kann sich die „innere Welt“ immer mehr erschließen.“

In sieben Kapiteln setzt sich Ingrid Riedel mit aktuellen Lebensthemen auseinander. Träume zum Zeitgeschehen stehen am Anfang. Dabei werden Träume aus der Corona-Pandemie vorgestellt, ihre Bedeutung für die Träumer angedacht und auch theoretische Impulse zum Traumverständnis nach C. G. Jung aufgezeigt.

Die Bedeutung der Körpererfahrung ist ein bemerkenswertes Kapitel, denn Ingrid Riedel beschäftigt sich mit den Sinnen und damit, wie unsere fünf Sinne unsere Wirklichkeit prägen. Sie relativiert das „cogito ergo sum“ („ich denke, also bin ich“) und zeigt sehr gut die Bedeutung für uns Menschen auf, die in der Aussage enthalten ist: „Ich spüre, also bin ich.“ Sie nimmt zudem differenziert die therapeutische Relevanz der Sinnesempfindung auf.

Im nächsten Kapitel beschäftigt sie sich mit der wesentlichen Frage: „Wann und wodurch werden eigentlich die durch die Sinne vermittelnden Empfindungen für uns zu Gefühlen?“ Ingrid Riedel beantwortet diese Frage folgendermaßen: „Die Gefühlswahrnehmung des Menschen basiert und operiert also ganz auf den Empfindungen, die auf der körperlichen Grundlage entstehen.“ Sehr gelungen nimmt sie Gefühle auf, die auch Verena Kast bearbeitet hat, wie das Trauern, Freude, Inspiration, Hoffnung, Neid, Eifersucht und den Hass. Sie setzt dann die Ideen von C. G. Jung mit denen der wichtigsten Vertreter der affektiven Neurowissenschaft, wie Jaak Panksepp, Antonio Damasio u. a. in Verbindung.

Die sieben emotionalen Systeme von Jaak Panksepp stellt sie als biologische Grundlagen der Affektivität vor, die Emotionsregulierungen ermöglichen. Die anderen Emotionsregulierungen gehen eher vom soziokulturellen Wirkfeld aus. Was ist in einer Kultur erlaubt und was nicht.

Sehr interessant zu lesen ist auch das Kapitel über Synchronizität, dieses geheimnisvolle Zusammenspiel von Außenwelt und Innenwelt. Sie geht auf die Entwicklung bei Jung ein, dessen Vorstellungen von Synchronizität sich im Dialog mit Wolfgang Pauli, dem Quantenphysiker, verändert und erweitert haben. Sie grenzt sich ab zu Jung und sieht „die Wahrnehmung von Synchronizität, also von sinnhaftem Zusammentreffen und Angeordnetsein von kausal nicht miteinander verbundenen Ereignissen, nicht nur punktuell, sondern grundsätzlich möglich.“

Die Autorin geht dann zu dem religiösen Bedürfnis über, als einer anthropologischen Konstante bei Jung, mit den Worten: „Folgen wir nun auch dieser geheimnisvollen Spur." Und das gefällt mir an diesem Buch ganz besonders: dass Ingrid Riedel Geheimnissen auf die Spur geht, diese auch als solche benennt, und die Leser:innen mitnimmt auf ihre Wege, die sie neugierig auskundschaftet, verbindet und weiterentwickelt.

Das gelingt ihr sehr gut in dem Kapitel: „Das Gottesbild als innere Erfahrung". Sie beschäftigt sich eindrücklich mit C. G. Jung, wie er im Roten Buch einen neuen Zugang zu Religion in Gesprächen mit seiner Seele sucht. Sie zitiert aus dem Roten Buch und zeigt, wie seit Urzeiten numinose Erfahrungen von Menschen in lebendigen Symbolen sichtbar werden. Es wird deutlich, wie wesentlich es ist, sich nicht zu identifizieren, weder mit Symbolen noch mit Menschen.

Ingrid Riedel: „Die Muttersprache der Religion ist eine symbolische. Wo spirituelle Erfahrung lebendig ist, spricht sie sich in Bildern und Geschichten aus, während rationale Begrifflichkeit und dogmatische Fixierung den Kontakt zur lebendigen Erfahrung zu verlieren drohen." Das numinose Symbolerleben kann gleichzeitig eine archetypische religiöse Erfahrung sein und eine schöpferische Selbst-Erfahrung.

Eindrücklich sind auch ihre letzten beiden Kapitel. „Tiefenpsychologie und neue Ethik" ist das vorletzte Kapitel. Sie zitiert Meister Eckhart, der wahre Name für Gott ist: „das Leben selbst", und nimmt ausführlich Erich Neumann, den Schüler von C. G. Jung, und seine Ideen der Integration von Licht und Schatten auf. Erich Fromm, den Sozialpsychologen, stellt sie mit dem wesentlichen Begriff der Biophilie, der Liebe zum Leben, vor. Sie zeigt über den Begriff vom „kooperativen Gen", dass Menschen auf Beziehung hin angelegt sind, und macht die Bedeutung der neuen Ethik in ihrer Aufgabe der Integration von Individuum und Gesellschaft deutlich.

In diesem Zusammenhang plädiert sie für eine globale Ethik und führt die Erklärung zum Weltethos an, wie diese 1993 unter Beteiligung von 6500 Menschen, darunter sehr vielen unterschiedlichen Religionen, entstanden ist. Sie beschreibt die Verdienste von Hans Küng, sein Projekt „Weltethos", eindrücklich. Und: dass Ethik wichtiger ist als Religion. Ein Buch des Dalai Lama, das ein Appell an die Welt darstellt, hat diesen Titel: Ethik ist wichtiger als Religion.

Die Autorin schreibt von der Notwendigkeit, auch als Psychotherapeutin politisch Position zu beziehen, damit die Innenwelt und die Außenwelt in Verbindung kommen.

Im letzten Kapitel, „Mein Ort im Raum der Tiefenpsychologie", beschreibt sie sehr berührend die Weichenstellungen in ihrem eigenen Leben. Von der Kriegskindheit in Schweinfurt, über ihre theologischen Lehrer, ihre Bildungsarbeit in Kassel bis hin zur Ausbildung als Analytische Psychotherapeutin in Zürich. Sie ist authentisch spürbar in ihrer wertschätzenden Haltung als Psychotherapeutin und in ihrem klaren Engagement für eine neue Ethik, die unsere Welt so dringend braucht.

Es ist ein wirklich eindrucksvolles Alterswerk! Ich kann es sowohl therapeutisch arbeitenden Kolleg:innen sehr empfehlen als auch Menschen, die ihre innere Welt entdecken möchten und eine Integration mit der äußeren Welt suchen!

Hut ab, Ingrid! Das ist Dir supergut gelungen!

Margarete Leibig

Luise Reddemann
Schlussstücke
Gedanken über Vergänglichkeit und Tod
Klett-Cotta, 2018, 201 Seiten
ISBN 978-3-608-96242-0, € 20,–

Dieses Buch ist aus einer Vorlesungsreihe entstanden, die Luise Reddemann bei der Lindauer Frühjahrstagung für Psychotherapie gehalten hat und die, im Nachhinein gesehen, ihr Abschiednehmen dort war.

In 13 Kapiteln beschäftigt sich die Autorin sehr berührend mit der Vergänglichkeit, mit dem Leben *und* mit dem Tod. Das ist schon ein wesentlicher Aspekt dieses Buches, dass die Autorin die Vergänglichkeit ganz und gar in das Leben einbindet. Sie ist voller Dankbarkeit für das, was ihr im Leben in vielen Begegnungen geschenkt wurde. Das sind persönliche Beziehungen und auch berufliche und kollegiale Begegnungen. Was ihr persönlich wichtig wurde, bezeichnet sie als ihr Lebensmotto, und sie erzählt es uns Leserinnen und Lesern, z. B. der Satz von Lao Tse: „Das einzig Unveränderliche ist die Veränderung."

Die Vergänglichkeit können wir beim Atmen leiblich erfahren. Wir atmen ein, das geht vorbei, und wir atmen aus, auch das geht vorbei. Am Leben sein, so die Autorin, heißt eben immer auch vergehen. Dieses Wissen teilen wir mit allen Menschen, und dadurch sind wir miteinander verbunden. Sie sagt sehr bescheiden, dass es ihr in dem Buch nicht darum gehe, „wie Alter geht, wie Sterben geht, wie man mit Sterblichkeit umgeht". Sie lässt uns unaufdringlich an dem teilhaben, was ihr im Leben wesentlich geworden ist.

Unter anderem zitiert sie theologische Texte: „Ein jegliches hat seine Zeit" (Prediger 3) und lässt eine große Offenheit, wie wir christliche Texte oder buddhistische Texte beim Lesen auf uns wirken lassen können. Welche Resonanz in uns zu den Texten entsteht und wie wir die Vergänglichkeit spüren können, das ist für uns wesentlich und unterschiedlich.

Sie schlägt bei ihren Überlegungen zu Vergänglichkeit und Tod einen großen Bogen vom Mittelalter bis ins 20. Jahrhundert. Von der Grünkraft der Hildegard von Bingen, wie sie sich im „Werden-Sein-Vergehen" zeigt und in die Natur eingebunden ist, über Bach, seine großartige Musik, bis zu Yalom, dem Psychoanalytiker der vergangenen Jahrzehnte, und einem Text von ihm: „Versuchen Sie, Ihr Leben so zu leben, dass Sie möglichst wenig Grund zur Reue haben." Und: „Tun Sie viel, um enge Freundschaften aufzubauen und zu pflegen." Das ist auch sein Hauptrezept gegen Todesangst: „Kostbare Beziehungen mäßigen den Schmerz der Vergänglichkeit."

Die Musik spielt in diesem Buch eine besondere Rolle, denn Musik ist für Luise Reddemann ein Lebenselixier. Bach ist für sie „ein Künstler, der sehr viel mit dem Gegensatz und der Zusammengehörigkeit von Traurigkeit *und* Freude beschäftigt war. Keinesfalls ist er nur der „Bach der Passionen".

Eine Stärke von Luise Reddemann ist es auch, Komponisten und ihre Musik über ihre Biografie zu verstehen. So erzählt sie einfühlsam von den vielen Verlusten, die Johann Sebastian Bach erleiden musste.

Sie nimmt in dem Buch wesentliche Lebensthemen wie Vertrauen, Hoffnung und Trost auf, wenn unerträglicher Schmerz, wie der plötzliche Tod eines geliebten Menschen, uns erschüttert. Auch am eigenen Beispiel, wie dem Tod ihrer jüngeren Schwester, als sie selbst zehn Jahre alt war, zeigt die Autorin, wie wesentlich Trost und mitmenschliche Beziehungen sind.

Sie weist auf Viktor Frankl hin, der wie durch ein Wunder das KZ überlebt hat. Es braucht vor allem Mitgefühl in der Therapie von traumatisierten Menschen und den Verzicht auf Deutung. Sie vermittelt ebenfalls, dass Psychotherapie mit schwer verletzten Menschen nur tastend sein kann und manche Wunden auch nicht heilen können.

Ein besonderes Kapitel ist für uns alt werdende Menschen das Kapitel über das Alter. Denn Altern heißt auch immer, sich der eigenen Vergänglichkeit zu stellen. Sie erzählt von einem interessanten Projekt, das sie beeindruckt hat: „Gutes Leben im hohen Alter angesichts von Verletzlichkeit und Endlichkeit." Sie zitiert des Weiteren Odo Marquard, dass wir „mehr unsere Endlichkeit sind als unsere Vollendung."

Im Gedicht von Hermann Hesse: „Der alte Mann und seine Hände" wird die wunderbare Metapher der Vergänglichkeit deutlich, die alten Hände wollen nicht mehr:

> *Mühsam schleppt er sich die Strecke*
> *Seiner langen Nacht,*
> *Wartet, lauscht und wacht.*
> *Vor ihm liegen auf der Decke*
> *Seine Hände, Linke, Rechte,*
> *Steif und hölzern, müde Knechte,*
> *Und er lacht*
> *Leise, dass er sie nicht wecke.*
> [...]
> *Scheint nun kurz, doch lang die Strecke*
> *Einer Nacht ... Und Kinderhände,*
> *Jünglingshände, Manneshände*
> *Sehn am Abend, sehn am Ende*
> *So sich an.*

Ein wunderbares Gedicht von Hermann Hesse, das Luise Reddemann aufnimmt. Dabei ist wieder das ganze Leben repräsentiert. Von den Kinderhänden bis zu den müden Händen am Lebensende.

Im Kontext von Dankbarkeit nennt sie Oliver Sacks, der 2015 gestorben ist. Er war gesund und plötzlich schwer krank mit Metastasen in der Leber. Er hat, bevor er starb, ein Büchlein über Dankbarkeit geschrieben. Und er schrieb: „... mir bleibt keine Zeit für Unwichtiges ..."

An diese Unterscheidung zu denken, können wir nicht oft genug erinnert werden.

Das Trauern ist für mich ebenfalls ein wesentliches Kapitel. Es wird spürbar, wie wir unsere Trauer in die Musik hineinlegen, uns getragen und gehalten fühlen und Erfahrungen des langsamen Heilens entstehen können.

Zur Vergänglichkeit gehört das „Memento moriendum esse" (Bedenke, dass du sterben musst/sterblich bist). Und die Autorin sagt: „Das Bewusstsein unserer Sterblichkeit kann uns bescheiden, ja demütig werden lassen. Sollte ich sagen ‚könnte'?"

Luise Reddemann: „Einzusehen, dass nicht alles in unseren Händen liegt, ist mir besonders wichtig . . ."

Dieses Buch empfehle ich sehr gerne weiter, es ist inspirierend für unser Leben und für unsere Vergänglichkeit und den Tod. Dieser Weg verbindet uns alle; das ist auch eine wesentliche Botschaft von Luise Reddemann. Es ist mit wunderbaren Beispielen aus der Musik und aus der Literatur gesegnet.

Margarete Leibig

Martha Richards
Francesca Cogni (Ill.)

Victoria
Ankommen und überleben in Deutschland

Carl-Auer Verlag, 2022,103 Seiten, € 37,99
ISBN 978-3-8497-0371-4 (Printausgabe)
ISBN 978-3-8497-8386-0 (PDF)

Victoria ist ein ungewöhnliches Arbeitsbuch. Es ist ein „Graphic-Novel-Therapiemanual". In der Geschichte steht eine aus Libyen geflüchtete Frau, die hochschwanger ist, im Mittelpunkt, die zu einer Psychologin im Camp kommt. Bei ihr erlebt sie, dass sie angenommen wird, ernst genommen wird, ihr Tempo geachtet wird und sie viel Handwerkszeug in den Gesprächen erhält, um mit den schlimmen Erfahrungen von Vergewaltigung und Missachtung umzugehen zu lernen. Sie erzählt von ihrer Flucht, und dabei werden aus dem Gespräch heraus Möglichkeiten der Distanzierung erarbeitet, sodass sie Schritt für Schritt das ins Gespräch bringen kann, was ihr möglich ist. Grundlagen der Traumatherapie werden auf sehr hilfreiche Weise vermittelt. Das Buch ist mit Grafik-Bildern ausgestattet. Es werden Hinweise für Übersetzungsmöglichkeiten in einer „Translate-App" gegeben, Beispiele vom Umgang mit Behörden werden genannt, und immer wieder geht es um das Handwerkszeug, wie Menschen sich von den überflutenden Bildern des Grauens distanzieren können.

Die Kapitel sind überschrieben mit „Ein sicherer Ort", „Zurückfinden in den eigenen Körper" und „Das Leben geht weiter". Darin geht es um Zukunftsvisionen und mutige Löwinnen, oder welche Wege der Rechtsberatung es gibt etc. Es wird deutlich, worum es für geflüchtete und traumatisierte Menschen geht: einen sicheren Ort zu finden, erst in der Fantasie und dann auch in der Realität. Es werden Techniken vermittelt, wie ein Umgang mit Dissoziationen gelernt werden kann und Visionen für das neue Leben entstehen können.

Es wird gezeigt, wie die Tapping-Technik funktioniert, um die Panikzustände durch Klopf-Übungen zu reduzieren. Es werden auch Videos empfohlen, wie www.selfhelpfortrauma.org/

Es ist wirklich ein tolles Arbeitsbuch, das Kolleg:innen hilft, den Umgang mit traumatischen Erfahrungen zu differenzieren und an Patient:innen und Klient:innen weiterzugeben. Ein wichtiger Aspekt ist es, die Dissoziationen als Schutz für den eigenen Körper zu verstehen, um nicht an der Gewalt zu zerbrechen. Es geht darum, wie ein Weg gefunden werden kann, den Körper wieder zu spüren, wo sich Wohlgefühle einstellen können, mit dem Körper befreundet zu sein, und so eine Freundschaft mit sich selbst entstehen kann. Der Umgang mit Suizidgefährdung ist angesprochen. Es werden Übungen zur Entmachtung des Täters gezeigt, und immer wieder werden Geschichten erzählt, die zu Ressourcen führen. Es gibt Fragebögen z. B. den Fragebogen zur Früherkennung von Asylsuchenden mit traumatischen Erfahrungen oder einen für den Ressourcencheck. Im letzten Teil des Buches findet sich eine sehr hilfreiche Übersicht über die angesprochenen Interventionen.

Es ist auch daran gedacht, wie Therapeut:nnen und Helfer:innen mit dem Erzählten umgehen können. Wie halten wir das unendliche Leid aus, das die Frauen und Männer erlebt haben und das wir als Psychotherapeut:innen hören? Was ist für uns in unserer Arbeit hilfreich?

In dem Buch wird deutlich, wie die helfenden Menschen ein Licht in der Dunkelheit der Geflüchteten werden, wie ein Funke Vertrauen wachsen und zur Stabilisierung beitragen kann.

Es wird auch schonungslos deutlich, wie ausgeliefert Geflüchtete auch hier bei uns in Deutschland sind und wie gefährdet, abgeschoben zu werden.

Mitunter ist es schwer auszuhalten, was den Geflüchteten unterwegs auf der Flucht, auch in europäischen Ländern wie z. B. Italien geschehen kann. Mit kriminellen Strukturen werden Mädchen und Frauen nach ihrer Flucht in vermeintlich sichere Länder noch einmal geschändet, vergewaltigt und ihrer Würde beraubt.

Es ist ein eindrucksvolles Arbeitsbuch, mit viel Fachwissen über Traumatherapie geschrieben und ein hilfreiches Arbeitsmittel für Therapeut:innen und die Geflüchteten selbst.

Dieses Buch gibt es auch beim Carl-Auer Verlag in verschiedenen Übersetzungen.

Sie finden es unter dem Link: www.carl-auer.de/materialien-zu-victoria-ankommen-und-überleben-in-deutschland

In folgenden Sprachen ist die Übersetzung erhältlich: Englisch, Französisch, Italienisch, Arabisch, Türkisch, Farsi und Russisch.

Es ist ein wichtiges Arbeitsbuch, das seinen Preis wert ist, und ich empfehle es sehr gerne weiter!

Margarete Leibig

Bisher erschienen:

Heft 20	Stirb und Werde	2008	ISBN 978-3-939322-19-1
Heft 21	Mythos Kind	2009	ISBN 978-3-939322-21-4
Heft 22	Um Himmels Willen	2009	ISBN 978-3-939322-22-1
Heft 23	Die Welt spielt	2010	ISBN 978-3-939322-23-8
Heft 24	Was für ein Glück!	2010	ISBN 978-3-939322-24-5
Heft 25	Geheimnis Nacht	2011	ISBN 978-3-939322-25-2
Heft 26	Woher kommt die Zukunft?	2011	ISBN 978-3-939322-26-9
Heft 27	Weisheit	2012	ISBN 978-3-939322-27-6
Heft 28	Macht: Faszination u.Tabu	2012	ISBN 978-3-939322-28-3
Heft 29	Die Lachnummer	2013	ISBN 978-3-939322-29-0
Heft 30	Geld	2013	ISBN 978-3-939322-30-6
Heft 31	Liebeszauber	2014	ISBN 978-3-939322-31-3
Heft 32	Dem Bösen auf der Spur	2014	ISBN 978-3-939322-32-0
Heft 33	Musik - Klang der Seele	2015	ISBN 978-3-939322-33-7
Heft 34	Eros und Sexualität	2015	ISBN 978-3-939322-34-4
Heft 35	Das Schöpferische	2016	ISBN 978-3-939322-35-1
Heft 36	Gehirn und Seele	2016	ISBN 978-3-939322-36-8
Heft 37	Visionen	2017	ISBN 978-3-939322-37-5
Heft 38	Essensausgabe	2017	ISBN 978-3-939322-38-2
Heft 39	Lüge und Wahrheit	2018	ISBN 978-3-939322-39-9
Heft 40	Träume	2018	ISBN 978-3-939322-40-5
Heft 41	Bewegtes Leben	2019	ISBN 978-3-939322-41-2
Heft 42	Individuation	2019	ISBN 978-3-939322-42-9
Heft 43	Berührungen	2020	ISBN 978-3-939322-43-6
Heft 44	Imagination	2020	ISBN 978-3-939322-44-3
Heft 45	Bedrohte Ordnungen	2021	ISBN 978-3-939322-45-0
Heft 46	Komplexe - Vom Teufel geritten	2021	ISBN 978-3-939322-46-7
Heft 47	Was soll das bedeuten?	2022	ISBN 978-3-939322-47-4
Heft 48	Sinn und Zweifel	2022	ISBN 978-3-939322-48-1

**Die Hefte sind über den (Internet-) Buchhandel erhältlich.
Für Abonnenten und Gesellschaftsmitglieder stehen PDFs aller Hefte
zum kostenlosen download zur Verfügung (siehe www.jung-journal.de)**

Folgende Themen für die nächsten Ausgaben sind in Planung:
Heft 49, April 2023, Arbeitstitel: **Ressourcen.**
Bitte keine weiteren Beitrags-Vorschläge mehr einsenden.
Heft 50, Oktober 2023, Arbeitstitel: **Unus mundus.**
Beitrags-Vorschläge können eingereicht werden bis Juni 2022.
Sie werden von der Redaktion auf Eignung geprüft.

Impressum

Jung-Journal – Forum für Analytische Psychologie und Lebenskultur,
Jahrgang 25, Heft 48, Oktober 2022
ISSN: 1867-4690
ISBN: 978-3-939322-48-1

Halbjährliches Erscheinen April und Oktober.
Ein Jahresabonnement mit 2 Heften kostet
z. Zt. € 15,- incl. Versandkosten.
Ein Jahresabonnement mit 2 Heften als PDF-Datei
z. Zt. € 10,- Bestellungen über:
Internet: www.jung-journal.de
E-Mail: mail@jung-journal.de

Postadresse: opus magnum -
Lanzstr. 12, 65193 Wiesbaden
Bankverbindung: opus magnum
IBAN: DE60 6001 0070 0570 3447 02
BIC: PBNKDEFF

Redaktion

Prof. Dr. Lutz Müller, Anette Müller (Hrsg.)
Franziska Lang, Margarete Leibig, Bernd Leibig,
Dieter Volk

Layout
Barbara Fischer, Anette Müller, Lutz Müller

Lektorat
Franziska Lang

Herstellung
Books on Demand GmbH., Norderstedt

Verlag
opus-magnum - www.opus-magnum.com

Webmaster: Walter Fleritsch

Bildnachweise: Wenn nicht anders angegeben,
stammen alle Abbildungen aus lizenzfreien Quellen
des Internet oder aus Privatbesitz.

Titelbild: Georg Friedrich Kersting: Faust im Studierzimmer (Gemälde 1829)
Die Inhalte der Artikel geben nicht unbedingt die Meinung der Redaktion wieder.

Bibliografische Information der Deutschen Nationalbibliothek
Die Deutsche Nationalbibliothek verzeichnet diese Publikation in der Deutschen Nationalbibliografie;
detaillierte bibliografische Daten sind im Internet über http://dnb.d-nb.de abrufbar.
© 2022 by opus magnum, Stuttgart (www.opus-magnum.de)
Alle Rechte vorbehalten.

Grafik und Layout: Müller / Fischer / www.Jung-Journal.com
Herstellung: Books on Demand GmbH. Norderstedt
ISBN 13: 9783939322481